PowerPoint 2019 応用
セミナーテキスト

日経BP

はじめに

本書は、次の方を対象にしています。

■『PowerPoint 2019 基礎 セミナーテキスト』を修了された方。

さまざまなデータを活用して、効果的なプレゼンテーションを作成するテクニックが身に付きます。スライドマスターを利用したスライド全体の管理、その他のプレゼンテーションのスライドの取り込み、ExcelやWordで作成したデータやオーディオ/ビデオの挿入、効果的なアニメーションの設定、作成したプレゼンテーションの有効活用、配布資料の作成、さまざまな形式でのプレゼンテーションの保存などを学習します。本書を修了すると、実務でPowerPointを活用する際に必要な機能をひととおりマスターできます。

制作環境

本書は以下の環境で制作・検証しました。

■Windows 10 Pro（日本語版）をセットアップした状態。
　※ほかのエディションやバージョンのWindowsでも、Office 2019が動作する環境であれば、ほぼ同じ操作で利用できます。
■Microsoft Office Professional Plus 2019（日本語デスクトップ版）をセットアップし、Microsoftアカウントでサインインした状態。マウスとキーボードを用いる環境（マウスモード）。
■画面の解像度を1280×768ピクセルに設定し、ウィンドウを全画面表示にした状態。
　※環境によってリボン内のボタンが誌面と異なる形状で表示される場合があります。
■［アカウント］画面で［Officeの背景］を［背景なし］、［Officeテーマ］を［白］に設定した状態。
■プリンターをセットアップした状態。
　※ご使用のコンピューター、プリンター、セットアップなどの状態によって、画面の表示が本書と異なる場合があります。

おことわり

本書発行後（2019年8月）の機能やサービスの変更により、誌面の通りに表示されなかったり操作できなかったりすることがあります。その場合は適宜別の方法で操作してください。

---

(3)

表記

・メニュー、コマンド、ボタン、ダイアログボックスなどで画面に表示される文字は、角かっこ（[ ]）で囲んで表記しています。ボタン名の表記がないボタンは、マウスでポイントすると表示されるポップヒントで表記しています。

・入力する文字は「」で囲んで表記しています。

・本書のキー表記は、どの機種にも対応する一般的なキー表記を採用しています。2つのキーの間にプラス記号（＋）がある場合は、それらのキーを同時に押すことを示しています。

・マウス操作の説明には、次の用語を使用しています。

用語	意味
ポイント	マウスポインターを移動し、項目の上にポインターの先端を置くこと
クリック	マウスの左ボタンを1回押して離すこと
右クリック	マウスの右ボタンを1回押して離すこと
ダブルクリック	マウスの左ボタンを2回続けて、すばやく押して離すこと
ドラッグ	マウスの左ボタンを押したまま、マウスを動かすこと

操作手順や知っておいていただきたい事項などには、次のようなマークが付いています。

マーク	内容
操作	これから行う操作
Step 1	細かい操作手順
重要	操作を行う際などに知っておく必要がある重要な情報の解説
ヒント	本文で説明していない操作や、知っておいた方がいい補足的な情報の解説
用語	用語の解説

実習用データ

本書で学習する際に使用する実習用データを、以下の方法でダウンロードしてご利用ください。

■ダウンロード方法

①以下のサイトにアクセスします（URLの末尾は、英字1文字と数字5桁です）。

　https://shop.nikkeibp.co.jp/front/commodity/0000/P60320/

②関連リンクにある［実習用データのダウンロード］をクリックします。

③表示されたページにあるそれぞれのダウンロードのリンクをクリックして、適当なフォルダーにダウンロードします。

④ダウンロードしたzip形式の圧縮ファイルを展開すると［PowerPoint2019応用］フォルダーが作成されます。

⑤［PowerPoint2019応用］フォルダーを［ドキュメント］フォルダーまたは講師から指示されたフォルダーなどに移動します。

ダウンロードしたファイルを開くときの注意事項

インターネット経由でダウンロードしたファイルを開く場合、「注意──インターネットから入手したファイルは、ウイルスに感染している可能性があります。編集する必要がなければ、ほぼビューのままにしておくことをお勧めします。」というメッセージバーが表示されることがあります。その場合は、［編集を有効にする］をクリックして操作を進めてください。

ダウンロードしたzipファイルを右クリックし、ショートカットメニューの［プロパティ］をクリックして、［全般］タブで［ブロックの解除］を行うと、上記のメッセージが表示されなくなります。

実習用データの内容

実習用データには、本書の実習で使用するデータと章ごとの完成例、復習問題や総合問題で使用するデータと完成例が収録されています。前の章の最後で保存したファイルを次の章で引き続き使う場合がありますが、前の章の学習を行わずに次の章の実習を始めるためのファイルも含まれています。

講習の手引きと問題の解答

本書を使った講習を実施される講師の方向けの「講習の手引き」と、復習問題と総合問題の解答をダウンロードすることができます。

■ダウンロード方法

①以下のサイトにアクセスします（URLの末尾は、英字1文字と数字5桁です）。

　https://shop.nikkeibp.co.jp/front/commodity/0000/P60320/

②関連リンクにある［講習の手引きのダウンロード］をクリックして、PDFファイルをダウンロードします。

目次

第1章 スライドマスターの活用   1

マスターの概要 ——————————————— 2

スライドマスターの編集 ——————————— 6

オリジナルテンプレートの作成 ——————— 16

    テンプレートのテーマの設定 ———————— 19

    テンプレートの背景の設定 ————————— 25

    オリジナルのヘッダーとフッターの作成 ——— 29

    テンプレートへの画像の挿入 ———————— 35

    オリジナルテンプレートの保存 ——————— 37

第2章 既存のデータの活用   43

Word文書の活用 ——————————————— 44

    アウトラインが設定されたWord文書をPowerPointで開く ——— 46

    スクリーンショットの利用 ————————— 48

Excelワークシートの活用 —————————— 50

ハイパーリンクの設定 ———————————— 57

オーディオやビデオの活用 —————————— 61

    オーディオの利用 ————————————— 64

    ビデオの利用 ——————————————— 68

PowerPointプレゼンテーションの活用 ———— 71

    既存のプレゼンテーションの利用 —————— 72

    その他のスライドへのハイパーリンク ———— 75

第3章 アニメーションの活用   81

効果を上げるアニメーションの活用 ————— 82

    アニメーション効果の基礎知識 ——————— 82

    流れに沿ったアニメーションの作成 ————— 86

連続したアニメーションの作成 ——————— 96

第4章 プレゼンテーションの有効活用　109

校閲機能の利用 ——————————————————————— 110
　　コメントの挿入 ———————————————————————— 110
　　プレゼンテーションの比較 —————————————————— 113
セクションの利用 ————————————————————————— 117
スライドの非表示 ————————————————————————— 123
目的別スライドショーの作成 ——————————————————— 125
発表者ツールの利用 ——————————————————————— 130

第5章 配布資料の作成　139

配布資料マスターの利用 ————————————————————— 140
プレゼンテーションの準備 ————————————————————— 147
　　ドキュメント検査の実行 ————————————————————— 147
　　最終版の設定 ————————————————————————— 149
Wordによる配布資料の作成 ——————————————————— 151

第6章 プレゼンテーションの保存　159

スライドショー形式とプレゼンテーションパック ————————— 160
　　スライドショー形式での保存 ——————————————————— 160
　　プレゼンテーションパックでの保存 ——————————————— 162
グラフィックス形式での保存 ——————————————————— 166
セキュリティの設定 ——————————————————————— 169
その他のファイル形式での保存 —————————————————— 172
　　PDF/XPS形式での保存 ————————————————————— 173

総合問題 ————————————————————————————— 177
索引 ——————————————————————————————— 190

(7)

第1章

スライドマスターの活用

■ マスターの概要
■ スライドマスターの編集
■ オリジナルテンプレートの作成

マスターの概要

背景や文字の書式、行頭記号などのスライドの構成要素は「マスター」で管理されています。マスターは、プレゼンテーション全体を一括して管理するもののことです。マスター上の設定や編集は、適用したスライドに反映されます。

マスターには、3種類が用意されています。それぞれのマスターの役割は次のとおりです。

画面表示	役割
	**スライドマスター** スライドマスターは、プレゼンテーション全体のデザインを統一して管理、変更するものです。その下の階層に何種類かのスライドレイアウトが付属していて、それぞれ個別のレイアウトのデザインを管理しています。
	**配布資料マスター** 配布資料におけるヘッダーとフッターのプレースホルダーの位置、サイズ、書式設定などを変更できます。配布資料マスターに加えたすべての変更は、配布資料だけでなくアウトラインの印刷結果にも反映されます。
	**ノートマスター** ノート表示の際のスライドやノートの領域の書式、サイズおよび位置の変更、図や画像の挿入などを行うことができます。

操作 マスターを表示する

PowerPointを起動して、3種類のマスターを表示しましょう。
ファイルを開くときに「保護ビュー　注意―インターネットから入手したファイルは、ウイルスに感染している可能性があります。編集する必要がなければ、保護ビューのままにしておくことをお勧めします。」というメッセージバーが表示された場合は、[編集を有効にする]をクリックして操作を進めてください。

Step 1 [スタート]ボタンをクリックし、[PowerPoint]をクリックします。

Step 2 [他のプレゼンテーションを開く]をクリックして、[開く]画面を表示します。

Step 3 [ファイルを開く]ダイアログボックスを表示します。

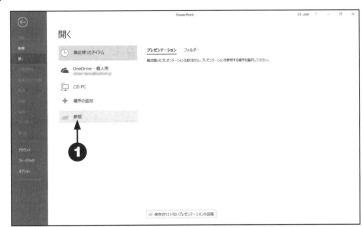

❶[参照]をクリックします。

Step 4 ファイル「ワンデーサプリのご提案」を開きます。

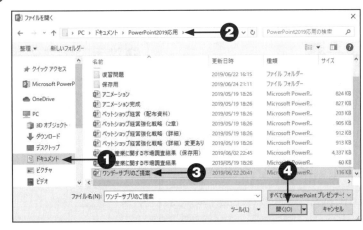

❶プレースバーの[ドキュメント]をクリックします。

❷一覧から[PowerPoint2019応用]フォルダーをダブルクリックします。

❸「ワンデーサプリのご提案」をクリックします。

❹[開く]をクリックします。

第1章　スライドマスターの活用　3

Step 5 スライドマスターを表示します。

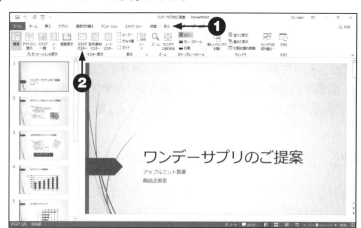

❶ [表示] タブをクリックします。

❷ [スライドマスター] ボタンをクリックします。

Step 6 スライドマスターが表示されたことを確認します。

💡 ヒント
[スライドマスター] タブ
スライドマスターを表示すると、[ファイル] タブの右側に [スライドマスター] タブが表示されます。

Step 7 ノートマスターを表示します。

❶ [表示] タブをクリックします。

❷ [ノートマスター] ボタンをクリックします。

Step 8 ノートマスターが表示されたことを確認します。

ヒント
[ノートマスター] タブ
ノートマスターを表示すると、[ファイル] タブの右側に [ノートマスター] タブが表示されます。

Step 9 配布資料マスターを表示します。

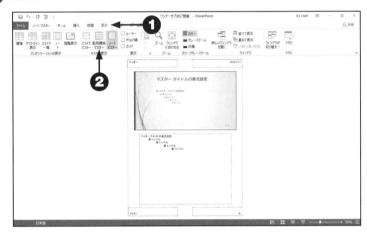

❶ [表示] タブをクリックします。

❷ [配布資料マスター] ボタンをクリックします。

Step 10 配布資料マスターが表示されたことを確認します。

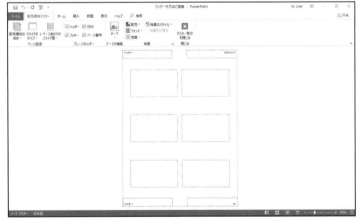

ヒント
[配布資料マスター] タブ
配布資料マスターを表示すると、[ファイル] タブの右側に [配布資料マスター] タブが表示されます。

Step 11 [表示] タブの [スライドマスター] ボタンをクリックします。

第 1 章　スライドマスターの活用　5

スライドマスターの編集

スライドマスターを使うと、全スライドに共通するデザインを一度に変更できるので、統一感のあるプレゼンテーションを作成できます。また1枚ずつスライドの書式を変更する手間が省けて作業効率が向上します。

スライドマスターが管理している要素は次のとおりです。
・プレースホルダーのサイズ、位置、書式
・プレースホルダー内の文字列のスタイル
・プレースホルダー内の箇条書きと段落番号のスタイル
・背景、配色、効果などの情報

■ **スライドマスター**
スライドマスターを表示すると、左側のサムネイルには、一番上に「スライドマスター」があり、その下に、やや小さな「レイアウトマスター」が表示されます。
スライドマスターを変更すると、それに関連したレイアウトも変更されます。

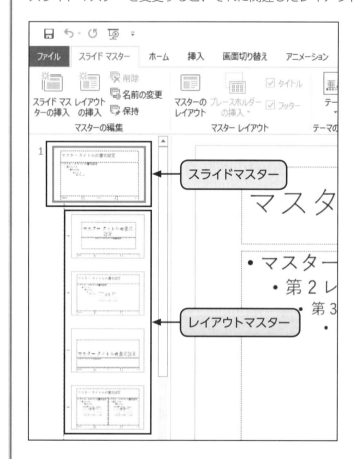

■ スライドマスターの書式設定

スライドマスターには、タイトルやスライド内の文字列の書式、フッターやページ番号などの書式を編集できます。例えば、マスタータイトルのフォントを変更すると、基本的にすべてのスライドのタイトルに反映されます。

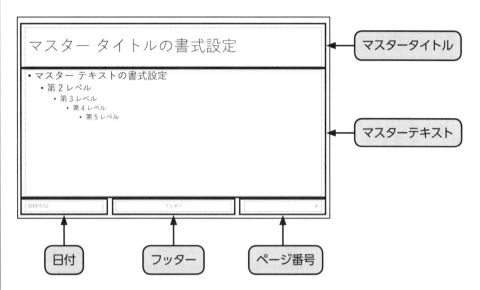

スライドマスターに会社のロゴマークを挿入すると、すべてのスライドにロゴマークを表示できます。その他に、図形で境界線を作成したり、フッターなどにコピーライトを挿入して、すべてのスライドに反映するなどの使い方があります。

■ レイアウトマスター

レイアウトマスターはレイアウトの種類ごとにデザインを管理しています。各レイアウトの書式を変更すると、そのレイアウトを適用しているスライドだけに変更が反映されます。そのため、レイアウトを変更する場合は、使用しているレイアウトの種類の書式を変更する必要があります。

操作 ☞ スライドマスターのタイトルの書式を変更する

スライドマスターのタイトル領域にワードアートのスタイルを設定し、フォントサイズを40ポイントにしましょう。

Step 1 タイトル領域を選択し、［ワードアートのスタイル］の一覧を表示します。

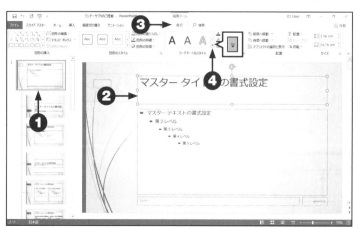

❶ サムネイルの［スライドマスター］をクリックします。

❷ タイトル領域のプレースホルダーの枠をクリックします。

❸［書式］タブをクリックします。

❹［ワードアートのスタイル］グループの［その他］ボタンをクリックします。

Step 2 タイトル領域にスタイルを設定します。

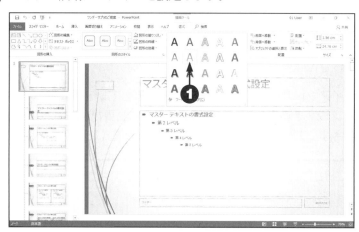

❶ 上から2番目、左から2番目の［塗りつぶし（グラデーション）：オリーブ、アクセントカラー 5;反射］をクリックします。

Step 3 タイトル領域のフォントサイズを変更します。

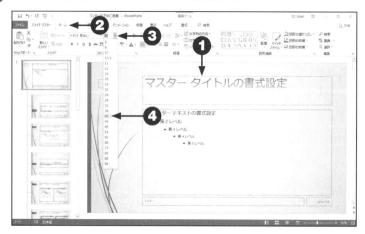

❶ タイトル領域が選択されていることを確認します。

❷［ホーム］タブをクリックします。

❸［フォントサイズ］ボックスの▼をクリックします。

❹［40］をクリックします。

操作 スライドマスターの箇条書きの書式を変更する

箇条書きの行頭文字と色を変更しましょう。

Step 1 第1レベルの箇条書きにカーソル（縦棒）を表示します。

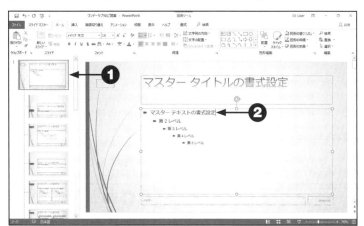

❶ スライドマスターが選択されていることを確認します。

❷ 第1レベルの箇条書きの文字をクリックします。

Step 2 [箇条書きと段落番号] ダイアログボックスを表示します。

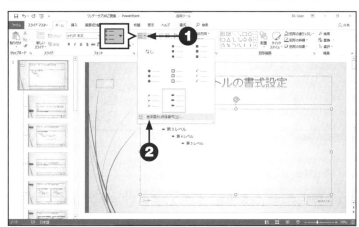

❶ [箇条書き] ボタンの▼をクリックします。

❷ [箇条書きと段落番号] をクリックします。

Step 3 第1レベルの箇条書きの行頭文字の種類と色を変更します。

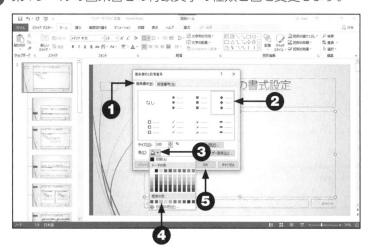

❶ [箇条書き] タブが選択されていることを確認します。

❷ [塗りつぶしひし形の行頭文字] をクリックします。

❸ [色] ボタンの▼をクリックします。

❹ [標準の色] の左から3番目の [オレンジ] をクリックします。

❺ [OK] をクリックします。

第1章 スライドマスターの活用 | 9

Step 4 第1レベルの箇条書きの行頭文字と色が変更されたことを確認します。

Step 5 同様にして第2レベルと第3レベルの箇条書きの行頭文字と色を変更します。

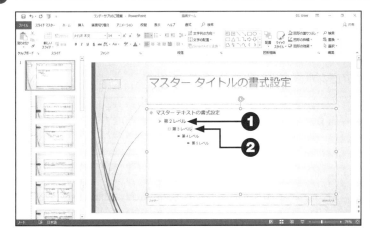

❶ 第2レベルの箇条書きの文字をクリックし、行頭文字を［矢印の行頭文字］に、色を［標準の色］の右から4番目の［薄い青］に変更します。

❷ 第3レベルの箇条書きの文字をクリックし、行頭文字を［四角の行頭文字］に、色を［標準の色］の左から5番目の［薄い緑］に変更します。

ヒント　行頭文字のサイズ

［箇条書きと段落番号］ダイアログボックスの［箇条書き］タブの［サイズ］ボックスの値を変更すると、行頭文字のサイズをパーセント単位で変更することができます。

操作 スライドレイアウトを変更する

[タイトルとコンテンツ]レイアウトで、プレースホルダーの移動とサイズの変更を行い、タイトルとオブジェクトの領域の間に直線を追加しましょう。

Step 1 [タイトルとコンテンツ]レイアウトに切り替えます。

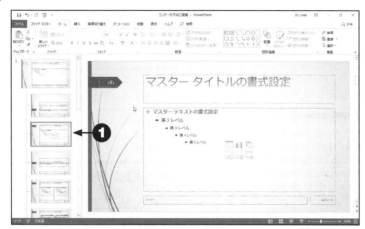

❶ サムネイルの[タイトルとコンテンツ]をクリックします。

Step 2 タイトル領域のプレースホルダーを選択します。

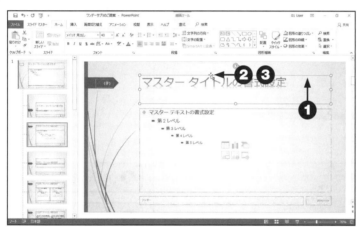

❶ タイトル領域のプレースホルダーの枠をクリックします。

❷ 図を参考にタイトル領域のプレースホルダーの上辺をポイントします。

❸ マウスポインターが になっていることを確認します。

Step 3 タイトル領域のプレースホルダーを移動します。

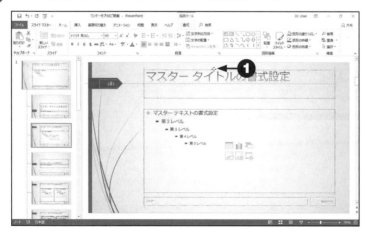

❶ 図を参考にタイトル領域のプレースホルダーを上方向にドラッグします。

ヒント
スマートガイド
プレースホルダーを移動するとき、スマートガイドと呼ばれる破線が表示されます。この場合、縦方向に移動するので、スマートガイドを目安にしてプレースホルダーが横にずれないように移動します。

第1章 スライドマスターの活用 | 11

Step 4 オブジェクト領域のプレースホルダーを選択します。

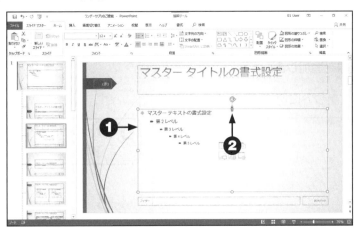

❶ オブジェクト領域のプレースホルダーの枠をクリックします。

❷ 上辺中央のハンドルをポイントして、マウスポインターが ⇕ になっていることを確認します。

Step 5 オブジェクト領域のプレースホルダーのサイズを変更します。

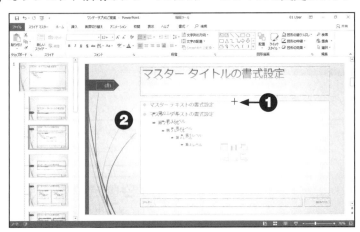

❶ 図を参考にプレースホルダーの枠を上方向にドラッグします。

❷ プレースホルダー以外の場所をクリックして、プレースホルダーの選択が解除されたことを確認します。

Step 6 [図形] の一覧を表示します。

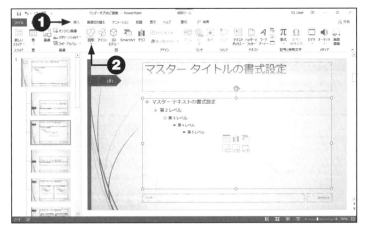

❶ [挿入] タブをクリックします。

❷ [図形] ボタンをクリックします。

💡 ヒント
図形の挿入方法
[ホーム] タブの [図形] ボタンをクリックしても、図形を挿入できます。

Step 7 線を選択します。

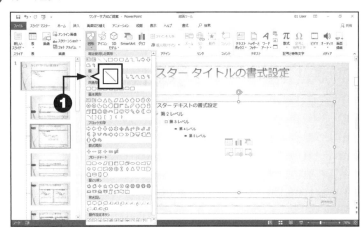

❶ [線] の [線] をクリックします。

Step 8 直線を引きます。

❶ マウスポインターが＋になっていることを確認します。

❷ 図を参考にShiftキーを押したままタイトルとオブジェクトの領域の間の左端から右端までをドラッグします。

❗ 重要
Shiftキーの役割

マウスを使用して直線を引く場合、うまく水平にならないことがあります。このような場合は、**Shift**キーを押しながらドラッグすると、水平線や垂直線を引くことができます。同様に**Shift**キーを押しながら四角形を描くと正方形に、**Shift**キーを押しながら楕円を描くと真円になります。

Step 9 直線のスタイルの一覧を表示します。

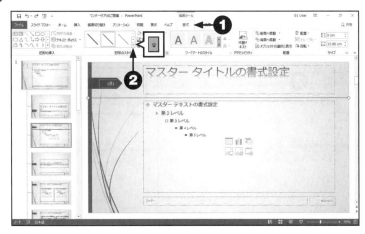

❶ [書式] タブが選択されていることを確認します。

❷ [図形のスタイル] グループの [その他] ボタンをクリックします。

第 1 章 スライドマスターの活用

Step 10 直線のスタイルを変更します。

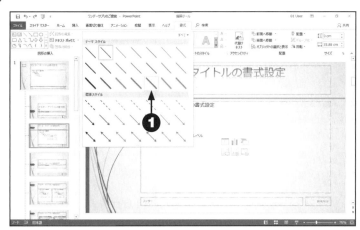

❶ [テーマスタイル] の上から3番目、右から3番目の [光沢（線）-アクセント4] をクリックします。

Step 11 直線の色と太さが変更されたことを確認します。

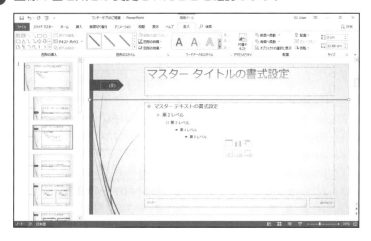

操作 スライドマスターに設定した変更を確認する

スライドマスターを閉じて、スライドマスターに設定した変更を確認します。

Step 1 スライドマスターを閉じます。

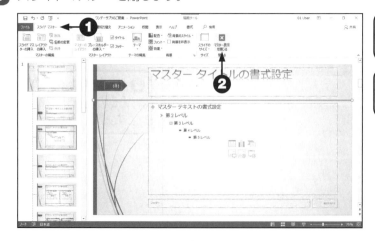

❶ [スライドマスター] タブをクリックします。

❷ [マスター表示を閉じる] ボタンをクリックします。

Step 2 標準表示に切り替わったことを確認します。

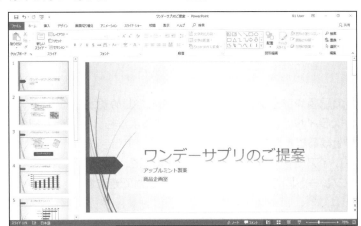

ヒント
[表示] タブでのマスター表示の切り替え
[表示] タブの [標準] ボタンをクリックしても、標準表示に切り替えることができます。

Step 3 3枚目のスライドに切り替えて、変更箇所を確認します。

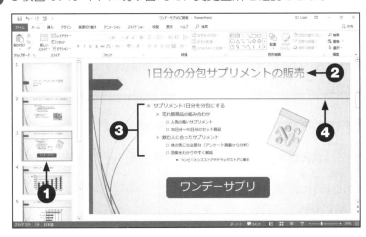

❶ サムネイルの3枚目のスライドをクリックします。

❷ タイトルが40ポイントになっていることを確認します。

❸ 箇条書きの第1レベル、第2レベル、第3レベルの行頭文字が変更されていることを確認します。

❹ 直線が引かれていることを確認します。

Step 4 [保存用] フォルダーに、「ワンデーサプリのご提案(マスター変更)」という名前で保存します。

Step 5 [ファイル] タブをクリックして、[閉じる] をクリックします。

ヒント　スライドの効率的な編集手順
スライドの編集には、以下の操作方法があります。
　1　スライドマスターを編集
　2　各スライドレイアウトを編集
　3　スライドを直接編集
1の操作を行ったあと2の操作を行うと、編集内容が上書きされます。さらに、3の操作を行うと、それが上書きされます。したがって、全体から個別(1から3)の順序で操作すると効率的な編集を行うことができます。

重要　デザインが適用されない場合
すでに作成済みのプレゼンテーションに、スライドマスターで設定を行うと、一部のスライドレイアウトには書式が適用されない場合があります。また、選択しているテーマによっては、デザインが適用されないスライドもあります。その場合は、スライドマスターの個々のスライドレイアウトからデザインを変更します。

オリジナルテンプレートの作成

「テンプレート」は、スライドの配色やフォント、背景などがあらかじめ設定されているひな形です。テンプレートを使用すると、スライドの書式を最初から設定するよりも、短時間で見栄えを統一したプレゼンテーションを作り上げることができます。
スライドマスターとスライドレイアウトの書式の変更や設定をして、「オリジナルテンプレート」として保存すると、ほかのテンプレート同様、繰り返して使うことができます。

PowerPointのテンプレートには、以下のようなものがあります。

■ 新しいプレゼンテーション(Officeテーマ)
新規作成したプレゼンテーションは、基本のテンプレートである[Officeテーマ]が設定されています。[Officeテーマ]は背景が白の単純なテンプレートなので、通常はこれにさまざまな設定をしていくことになります。

■ 既存のテンプレート
テンプレートは、初期状態でいくつかがPowerPointに用意されていますが、種類は多くありません。さまざまなテンプレートはインターネットを経由して提供されています(オンラインテンプレート)。

■ オリジナルテンプレート

作成したオリジナルテンプレートは [Officeのカスタムテンプレート] フォルダーに保存され、いつでもこのテンプレートを利用して、プレゼンテーションを新規作成できます。
以下は、スライドマスターにオリジナルのロゴマークやヘッダーを追加して、配色やフォントなどを変更したオリジナルテンプレートになります。

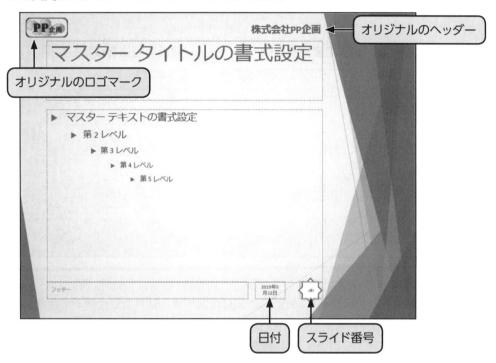

スライドマスターに設定する主な書式としては、次のものがあります。

■ テーマ

あらかじめ用意されている数十種類のテーマと、テーマごとにあるいくつかのバリエーションを利用できます。スライドマスターにテーマを設定すると、背景、テキスト、グラフィック、グラフ、表などの色やスタイルが各スライドに反映されます。

■ 背景

スライドマスターやスライドレイアウトの背景には、グラデーション、テクスチャ、スタイル、画像などを設定することができます。選択しているテーマなどによって、スタイルやグラデーションの一覧に表示される内容が異なります。

背景に画像を使用する場合は、スライドの文字が見にくくならないものを選ぶなどの配慮が必要です。

背景のスタイル、書式を変更した例　　　背景に画像を設定した例

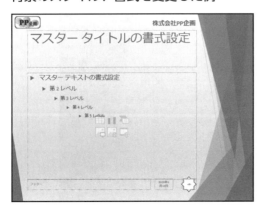 

■ 図形

スライドマスターやスライドレイアウトには、図形を追加することができます。
例えば、以下のようにフッターのスライド番号を目立たせるように図形を使用することができます。

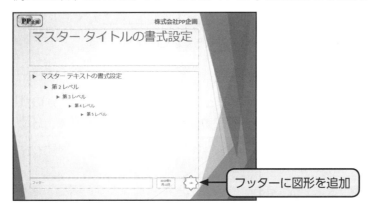

フッターに図形を追加

💡 ヒント　スライドマスターの追加

1つのテンプレートには、複数のスライドマスターを設定することができます。スライドマスターを追加すると、現在のスライドマスターの下に、新しいスライドマスターが追加され、スライドマスター [2] と表示されます。

[2] と表示される

テンプレートのテーマの設定

スライドマスターにテーマを設定して、色、フォント、図などのデザイン要素を設定することができます。また、設定したテーマのデザイン要素は変更することができます。

操作☞ テーマを設定する

スライドマスターにテーマ [ファセット] を設定しましょう。

Step 1 [ファイル] タブをクリックして、[新規] をクリックします。

Step 2 ファイルを新規作成します。

❶ [新しいプレゼンテーション] を
クリックします。

💡 ヒント
スライドのサイズ
[新しいプレゼンテーション] を選択して新規作成したプレゼンテーションのスライドのサイズは、ワイド画面 (16：9) になります。

Step 3 スライドのサイズを [標準 (4：3)] に変更します。

❶ [デザイン] タブをクリックします。

❷ [スライドのサイズ] ボタンをクリックします。

❸ [標準 (4：3)] をクリックします。

Step 4 [表示] タブの [スライドマスター] ボタンをクリックします。

Step 5 テーマの一覧を表示します。

❶ [テーマ] ボタンをクリックします。

Step 6 テーマを設定します。

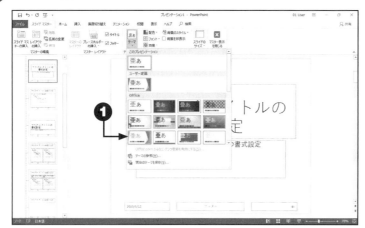

❶ [Office] の [ファセット] をクリックします。

! 重要
テーマの設定
最初にどのスライドレイアウトを選択していても、テーマを設定するとスライド全体に反映されます。

Step 7 テーマ [ファセット] が設定されたことを確認します。

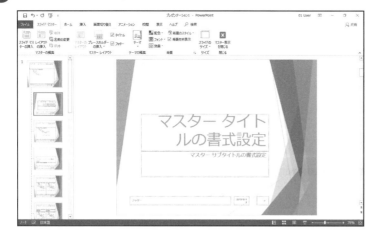

20　オリジナルテンプレートの作成

操作 テーマに配色を設定する

スライドマスターに配色[青]を設定しましょう。

Step 1 配色の一覧を表示します。

❶ [配色] ボタンをクリックします。

Step 2 配色を設定します。

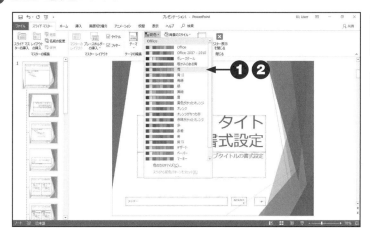

❶ [青] をポイントし、プレビュー表示で配色を確認します。

❷ [青] をクリックします。

Step 3 配色[青]が設定されたことを確認します。

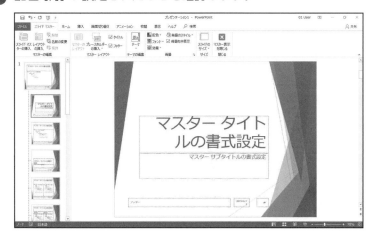

操作 ☞ テーマにフォントを設定する

スライドマスターにテーマのフォント [メイリオ] を設定しましょう。

Step 1 テーマのフォントの一覧を表示します。

❶ [フォント] ボタンをクリックします。

Step 2 フォントを設定します。

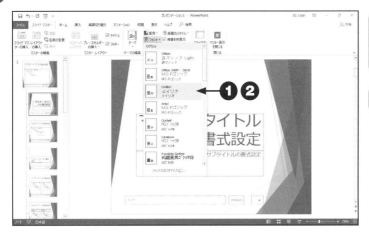

❶ [メイリオ] をポイントし、プレビュー表示でフォントを確認します。

❷ [メイリオ] をクリックします。

Step 3 テーマのフォント [メイリオ] が設定されたことを確認します。

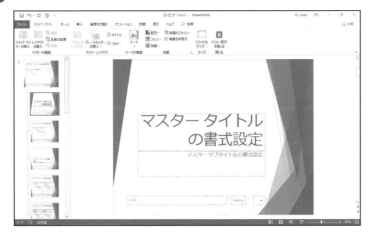

操作 テーマに効果を設定する

スライドマスターにテーマの効果 [すりガラス] を設定しましょう。

Step 1 テーマの効果の一覧を表示します。

❶ [効果] ボタンをクリックします。

Step 2 テーマの効果を設定します。

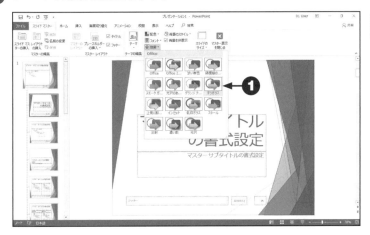

❶ [すりガラス] をクリックします。

Step 3 テーマの効果 [すりガラス] が設定されたことを確認します。

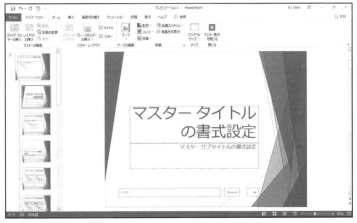

💡 ヒント
テーマの効果

テーマの効果は、線と塗りつぶしの効果を組み合わせたものです。例えば、挿入された図形などの枠線や塗りつぶしの効果を一度に変更するには、図形を選択し、[書式] タブの [図形のスタイル] グループの [その他] ボタンをクリックして、一覧からスタイルを選択します。一覧に表示されるスタイルは、適用したテーマの効果によって異なるので、好みのテーマの効果を選択しておくと、素早く外観を変更することができます。

操作 テーマを保存する

設定したテーマに「オリジナル1」という名前を付けて保存しましょう。

Step 1 [現在のテーマを保存] ダイアログボックスを表示します。

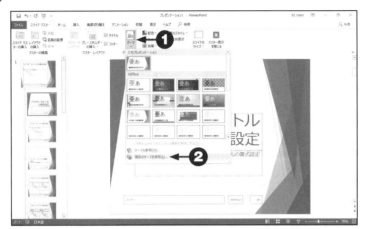

❶ [テーマ] ボタンをクリックします。

❷ [現在のテーマを保存] をクリックします。

Step 2 「オリジナル1」という名前を付けて保存します。

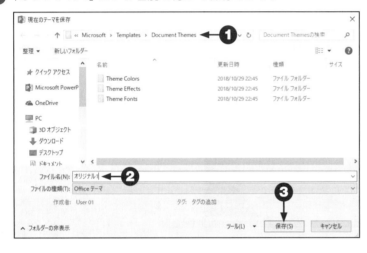

❶ [保存先] ボックスに [Document Themes] と表示されていることを確認します。

❷ [ファイル名] ボックスに「オリジナル1」と入力します。

❸ [保存] をクリックします。

重要
保存先フォルダーの名前

[現在のテーマを保存] ダイアログボックスの大きさによっては、「Document T...」のように保存先フォルダー名が一部省略されて表示されることがあります。この場合はダイアログボックスのサイズを大きくすると、フォルダー名全体が確認できます。

Step 3 作成したテーマ「オリジナル1」がテーマの一覧に追加されていることを確認します。

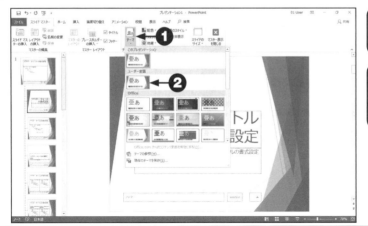

❶ [テーマ] ボタンをクリックします。

❷ テーマの一覧の [ユーザー定義] に「オリジナル1」が表示されていることを確認します。

24 | オリジナルテンプレートの作成

テンプレートの背景の設定

スライドマスターや個々のスライドレイアウトの背景に、塗りつぶし、テクスチャ、スタイル、画像などを設定することができます。

操作 背景のスタイルを設定する

スライドマスターの背景に、背景のスタイル[スタイル10]を設定しましょう。

Step 1 背景のスタイルを設定します。

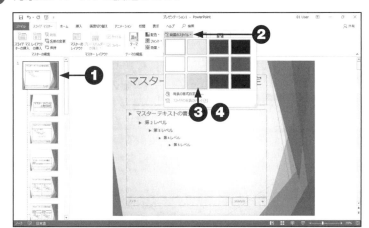

❶ サムネイルの[スライドマスター]をクリックします。

❷[背景のスタイル]ボタンをクリックします。

❸[スタイル10]をポイントし、プレビュー表示でスタイルを確認します。

❹[スタイル10]をクリックします。

Step 2 すべてのスライドの背景に[スタイル10]が設定されたことを確認します。

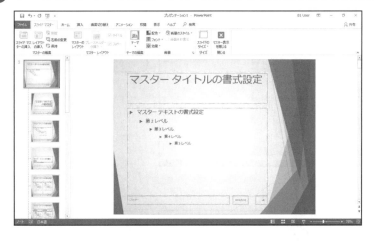

第1章 スライドマスターの活用 25

操作 背景に画像を設定する

[タイトルスライド] レイアウトの背景に、画像 [花] を設定しましょう。

Step 1 [背景の書式設定] 作業ウィンドウを表示します。

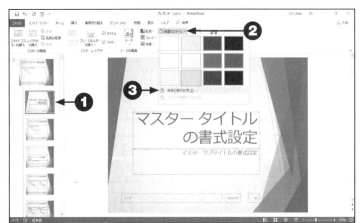

❶ サムネイルの [タイトルスライド] をクリックします。

❷ [背景のスタイル] ボタンをクリックします。

❸ [背景の書式設定] をクリックします。

💡 ヒント
[背景の書式設定] 作業ウィンドウの表示
[背景] グループの右下にある [背景の書式設定] ボタンをクリックしても、[背景の書式設定] 作業ウィンドウを表示することができます。

Step 2 [図の挿入] ダイアログボックスを表示します。

❶ [背景の書式設定] 作業ウィンドウの [塗りつぶし (図またはテクスチャ)] をクリックします。

❷ [図の挿入元] の [ファイル] をクリックします。

Step 3 画像のあるフォルダーを開きます。

❶ プレースバーの [ドキュメント] をクリックします。

❷ 一覧から [PowerPoint2019応用] フォルダーをダブルクリックします。

Step 4 背景に画像を設定します。

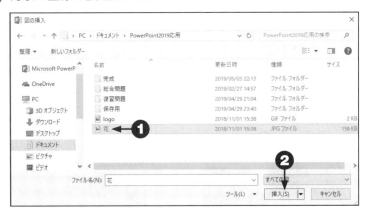

❶「花」をクリックします。

❷[挿入]をクリックします。

Step 5 [背景の書式設定]作業ウィンドウを閉じます。

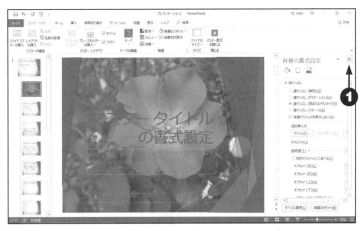

❶閉じるボタンをクリックします。

Step 6 タイトルスライドの背景に画像が設定されたことを確認します。

💡 ヒント　背景画像の透明度
背景に設定した画像によって、文字が見にくくなってしまう場合は、[背景の書式設定]作業ウィンドウの[透明度]のスライダーをドラッグして数値を大きくし、背景の画像の透明度を高くします。

💡 ヒント　テクスチャの設定
スライドの背景には、用意されているテクスチャを指定することもできます。[背景の書式設定]作業ウィンドウの[塗りつぶし(図またはテクスチャ)]をクリックし、[テクスチャ]ボタンの▼をクリックして表示される一覧から選択します。

操作 背景の書式を設定する

[タイトルとコンテンツ] レイアウトの背景に、グラデーション [薄いグラデーション - アクセント 5] を設定しましょう。

Step 1 [背景の書式設定] 作業ウィンドウを表示します。

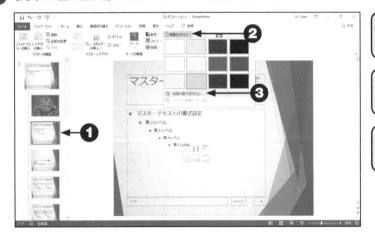

❶ サムネイルの [タイトルとコンテンツ] をクリックします。

❷ [背景のスタイル] ボタンをクリックします。

❸ [背景の書式設定] をクリックします。

Step 2 グラデーションを設定します。

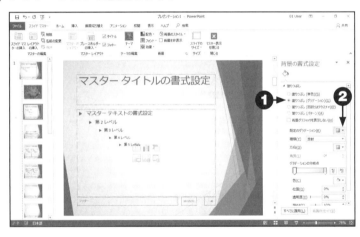

❶ [背景の書式設定] 作業ウィンドウの [塗りつぶし (グラデーション)] が選択されていることを確認します。

❷ [既定のグラデーション] ボタンの▼をクリックします。

Step 3 グラデーション [薄いグラデーション - アクセント 5] を設定します。

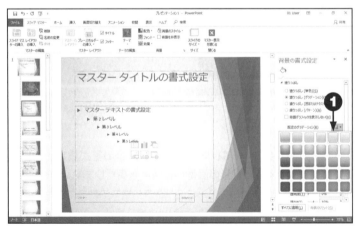

❶ 一番上の右から2番目の [薄いグラデーション - アクセント5] をクリックします。

Step 4 [背景の書式設定] 作業ウィンドウを閉じます。

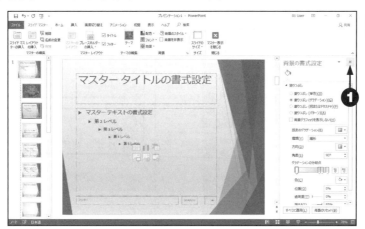

❶ 閉じるボタンをクリックします。

Step 5 グラデーション [薄いグラデーション - アクセント5] が設定されたことを確認します。

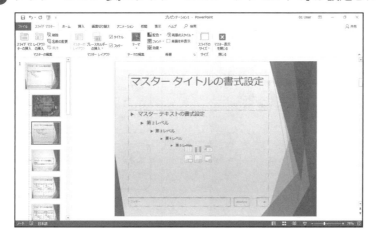

オリジナルのヘッダーとフッターの作成

日付、スライド番号、作成者名、注意書きなど、各スライドに共通して表示する情報は、テキストボックスまたはヘッダーとフッターを使ってスライドマスターに追加します。ヘッダーとフッターの表示位置は自由に変更できるので、スライド上ではヘッダーとフッターの区別がなく、テキストボックスをヘッダーやフッターとして使用することもできます。

操作☞ テキストボックスを使ってヘッダーを作成する

テキストボックスを使って、タイトル領域の上に「株式会社PP企画」と表示するヘッダーを作成しましょう。

Step 1 テキストボックスを作成します。

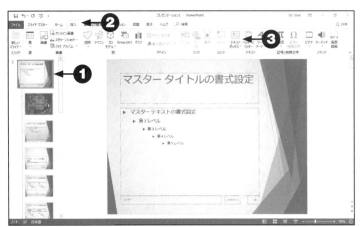

❶ サムネイルの［スライドマスター］をクリックします。

❷ ［挿入］タブをクリックします。

❸ ［テキストボックス］ボタンをクリックします。

Step 2 テキストボックスに文字を入力します。

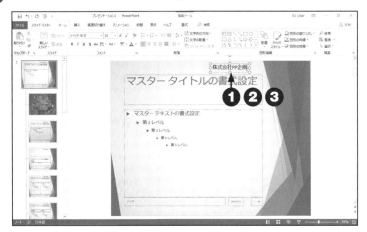

❶ マウスポインターが↓になっていることを確認します。

❷ 図を参考にテキストボックスを作成したい位置でクリックします。

❸ 「株式会社PP企画」と入力します。

Step 3 テキストボックスの文字の色を設定します。

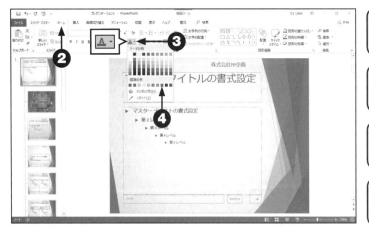

❶ テキストボックスの枠をクリックします。

❷ ［ホーム］タブが選択されていることを確認します。

❸ ［フォントの色］ボタンの▼をクリックします。

❹ ［標準の色］の右から3番目の［青］をクリックします。

🔴 重要
テキストボックスの選択

テキストボックスを選択する場合は、テキストボックスの枠をクリックします。テキストボックス内にカーソル（縦棒）が表示されている場合は、文字の色を変更することができません。

Step 4 テキストボックスの文字を太字に設定します。

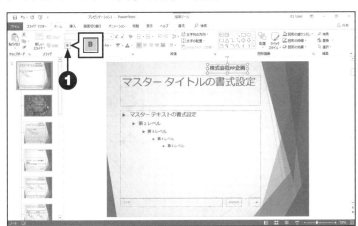

❶ [太字] ボタンをクリックします。

Step 5 テキストボックスの配置を調整します。

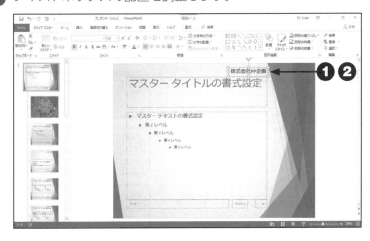

❶ テキストボックスの枠をポイントしてマウスポインターが✥になったことを確認します。

❷ 図を参考にテキストボックスの右辺とタイトル領域の右辺が揃うようにドラッグします。

💡 ヒント　スマートガイドを使った整列

テキストボックスや図形などのオブジェクトを移動するとき、その他のオブジェクトと端の位置が一致したり、均等に配置されたりすると、破線のスマートガイドが表示されます。スマートガイドに合わせてオブジェクトを配置することで、正確に位置を揃えることができます。
また、[表示] タブの [ガイド] チェックボックスをオンにすると、縦（垂直）と横（水平）の破線が表示されます。これらの破線をオブジェクトを配置する位置にドラッグしてガイドとして利用することもできます。

操作☞ 日付とスライド番号の表示領域を作成する

[ヘッダーとフッター] ダイアログボックスを利用して、日付と時刻、スライド番号などの表示領域を作成できます。ここでは、現在の日付と図形を使用したスライド番号を表示する領域を作成しましょう。

Step 1 ［ヘッダーとフッター］ダイアログボックスを表示します。

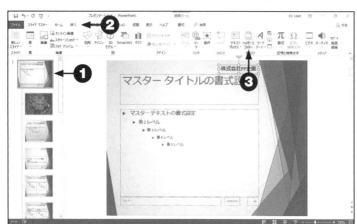

❶ サムネイルの［スライドマスター］が選択されていることを確認します。

❷ ［挿入］タブをクリックします。

❸ ［ヘッダーとフッター］ボタンをクリックします。

Step 2 日付とスライド番号を設定します。

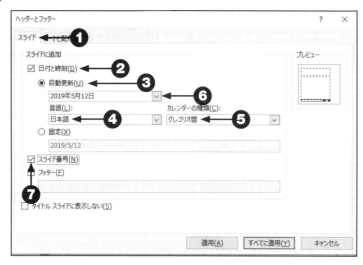

❶ ［スライド］タブが選択されていることを確認します。

❷ ［日付と時刻］チェックボックスをオンにします。

❸ ［自動更新］が選択されていることを確認します。

❹ ［言語］ボックスで［日本語］が選択されていることを確認します。

❺ ［カレンダーの種類］ボックスで［グレゴリオ暦］が選択されていることを確認します。

❻ ［自動更新］ボックスの▼をクリックし、［xxxx年x月x日］をクリックします。

❼ ［スライド番号］チェックボックスをオンにします。

💡 **ヒント**
［日付と時刻］の表示

［自動更新］を選択すると、スライドを表示した時点の日付および時刻が表示されます。［固定］を選択すると、その下のボックスに入力した文字列が常に表示されます。

Step 3 フッターとタイトルスライドの設定をします。

❶ [フッター] チェックボックスがオフになっていることを確認します。

❷ [タイトルスライドに表示しない] チェックボックスをオンにします。

❸ [すべてに適用] をクリックします。

💡 ヒント
タイトルスライドに表示しない場合
[タイトルスライドに表示しない] チェックボックスをオンにすると、[タイトルスライド] レイアウトのスライドには日付と時刻、スライド番号、フッターが表示されません。

Step 4 日付と時刻領域とスライド番号領域の書式を変更します。

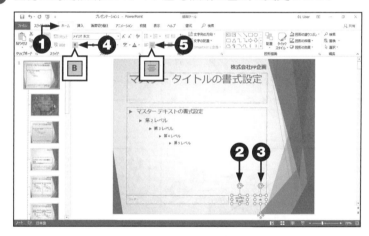

❶ [ホーム] タブをクリックします。

❷ 日付と時刻領域をクリックします。

❸ **Shift**キーを押したままスライド番号領域をクリックします。

❹ [太字] ボタンをクリックします。

❺ [中央揃え] ボタンをクリックします。

Step 5 図形を選択します。

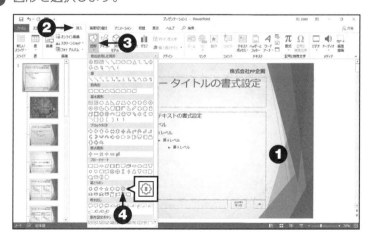

❶ 選択した領域以外の場所をクリックして、領域の選択が解除されたことを確認します。

❷ [挿入] タブをクリックします。

❸ [図形] ボタンをクリックします。

❹ [星とリボン] の [星：8pt] をクリックします。

第 1 章　スライドマスターの活用 | 33

Step 6 スライド番号領域に図形を追加します。

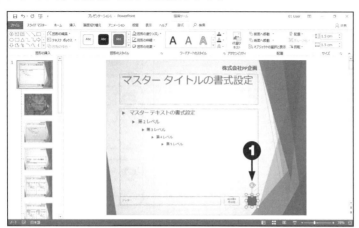

❶ マウスポインターが＋になったことを確認します。

❷ 図を参考にスライド番号領域の左上から右下に向かってドラッグします。

Step 7 図形のスタイルを変更します。

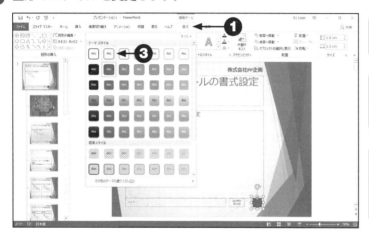

❶ [書式] タブが選択されていることを確認します。

❷ [図形のスタイル] グループの [その他] ボタンをクリックします。

❸ [テーマスタイル] の一番上の左から2番目の [枠線のみ - ブルーグレー、アクセント1] をクリックします。

Step 8 図形を背面に移動します。

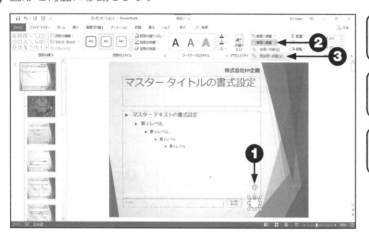

❶ 図形のスタイルが変更され、選択されていることを確認します。

❷ [背面へ移動] ボタンの▼をクリックします。

❸ [最背面へ移動] をクリックします。

Step 9 図形のスタイルが変更され、背面に移動してスライド番号が表示されていることを確認します。

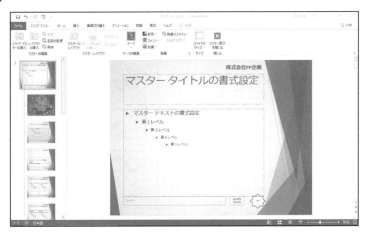

テンプレートへの画像の挿入

全スライドに共通に表示される画像を挿入しましょう。

操作 🖝 スライドにロゴマークの画像を挿入する

スライドマスターにファイル「logo」を挿入しましょう。

Step 1 [図の挿入] ダイアログボックスを表示します。

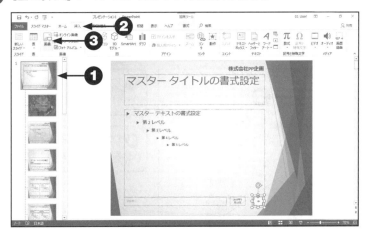

❶ サムネイルの [スライドマスター] が選択されていることを確認します。

❷ [挿入] タブをクリックします。

❸ [画像] ボタンをクリックします。

Step 2 挿入する画像を指定します。

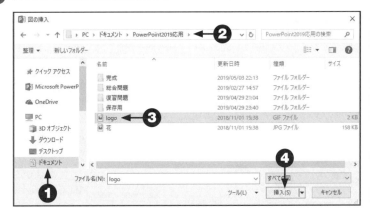

❶ プレースバーの [ドキュメント] をクリックします。

❷ 一覧から [PowerPoint2019応用] フォルダーをダブルクリックします。

❸ 「logo」をクリックします。

❹ [挿入] をクリックします。

Step 3 画像をスライドの左上に移動します。

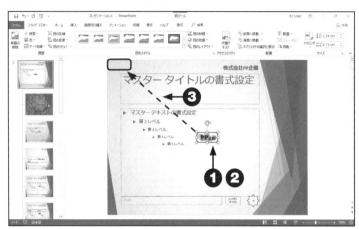

❶ 画像が挿入されたことを確認します。

❷ 画像をポイントしてマウスポインターが になっていることを確認します。

❸ 図を参考にスライドの左上までドラッグします。

Step 4 画像がスライドの左上に移動したことを確認します。

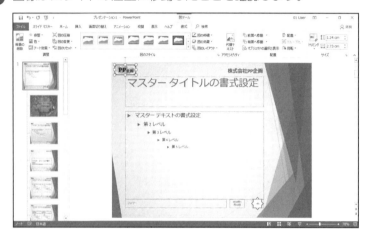

Step 5 スライドマスターを閉じます。

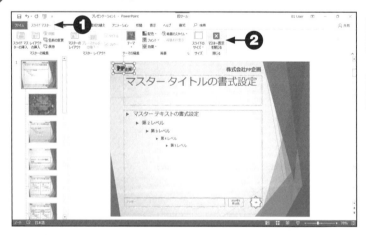

❶ [スライドマスター] タブをクリックします。

❷ [マスター表示を閉じる] ボタンをクリックします。

オリジナルテンプレートの作成

オリジナルテンプレートの保存

独自に作成したテンプレートは、保存して繰り返し利用することができます。通常は[ドキュメント]フォルダーにある[Officeのカスタムテンプレート]に保存され、新規のプレゼンテーション作成の際に、候補として表示されるようになります。

操作☞ テンプレートとして保存する

作成したスライドマスターに「社内用」という名前を付けてテンプレートとして保存しましょう。

Step 1 [名前を付けて保存]ダイアログボックスを表示します。

❶ [ファイル]タブをクリックします。

❷ [名前を付けて保存]をクリックします。

❸ [参照]をクリックします。

Step 2 テンプレートとして保存します。

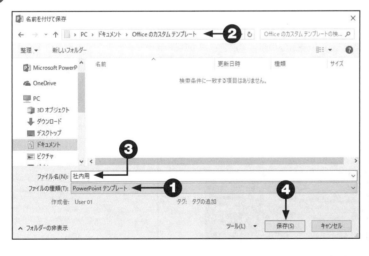

❶ [ファイルの種類]ボックスの▼をクリックし、[PowerPointテンプレート]をクリックします。

❷ [保存先]ボックスに[ドキュメント > Officeのカスタムテンプレート]と表示されていることを確認します。

❸ [ファイル名]ボックスに「社内用」と入力します。

❹ [保存]をクリックします。

Step 3 [ファイル]タブをクリックして、[閉じる]をクリックします。

操作 ☞ 保存したテンプレートを使ってプレゼンテーションを新規作成する

保存した「社内用テンプレート」を使用して、プレゼンテーションを新規作成しましょう。

Step 1 テンプレートが保存されている場所を開きます。

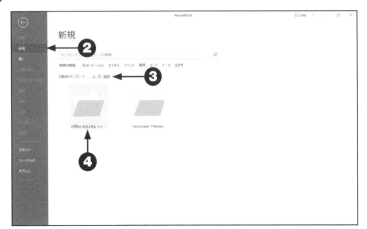

❶ [ファイル] タブをクリックします。

❷ [新規] をクリックします。

❸ [ユーザー設定] をクリックします。

❹ [Officeのカスタムテンプレート] をクリックします。

Step 2 テンプレートを選択します。

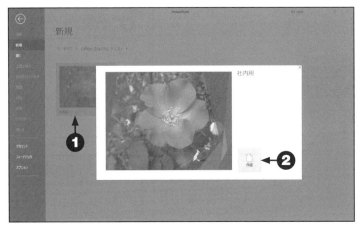

❶ [社内用] をクリックします。

❷ [作成] をクリックします。

Step 3 テンプレートが適用されたプレゼンテーションが作成されたことを確認します。

Step 4 新しいスライドを追加します。

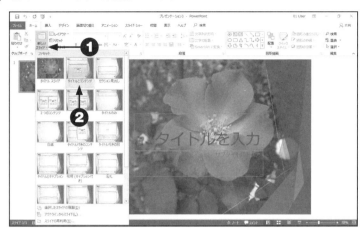

❶ [新しいスライド] ボタンの▼を
クリックします。

❷ [タイトルとコンテンツ] をク
リックします。

Step 5 新しいスライドが挿入されたことを確認します。

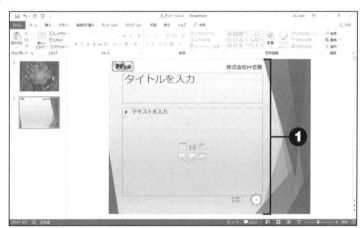

❶ [タイトルとコンテンツ] レイア
ウトのスライドが挿入され、ロ
ゴや日付などが表示されている
ことを確認します。

Step 6 [名前を付けて保存] ダイアログボックスを表示します。

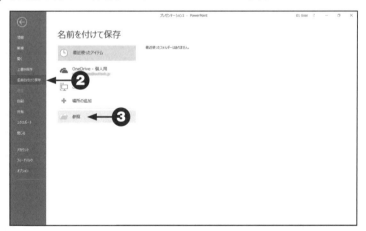

❶ [ファイル] タブをクリックしま
す。

❷ [名前を付けて保存] をクリック
します。

❸ [参照] をクリックします。

第 1 章 スライドマスターの活用 **39**

Step 7 [保存用] フォルダーに、「社内用テンプレート使用」という名前で保存します。

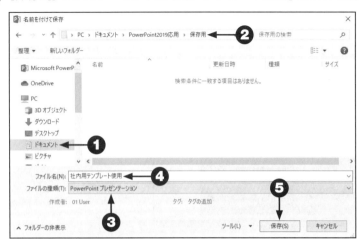

❶ プレースバーの [ドキュメント] をクリックします。

❷ 一覧から[PowerPoint2019応用] フォルダーにある[保存用] フォルダーをダブルクリックします。

❸ [ファイルの種類] ボックスの▼をクリックし、[PowerPointプレゼンテーション] をクリックします。

❹ [ファイル名] ボックスに「社内用テンプレート使用」と入力します。

❺ [保存] をクリックします。

Step 8 [ファイル] タブをクリックして、[閉じる] をクリックします。

📶 この章の確認

- ☐ スライドマスターを表示することができますか？
- ☐ スライドマスターのタイトルの書式を変更することができますか？
- ☐ スライドマスターの箇条書きの書式を変更することができますか？
- ☐ スライドレイアウトを変更することができますか？
- ☐ スライドマスターにテーマを設定することができますか？
- ☐ スライドマスターに設定したテーマを編集することができますか？
- ☐ 編集したテーマを保存することができますか？
- ☐ 背景のスタイルを設定することができますか？
- ☐ ヘッダーを表示するテキストボックスを作成することができますか？
- ☐ 日付とスライド番号を表示する領域を作成することができますか？
- ☐ 作成したオリジナルテンプレートを保存することができますか？
- ☐ 保存したオリジナルテンプレートを使って、ファイルを新規作成することができますか？

復習問題 問題 1-1

スライドマスターを表示し、テーマの設定や図形の追加などを行って、オリジナルテンプレートとして保存しましょう。

1. PowerPoint 2019を起動しましょう。
2. ［新しいプレゼンテーション］を作成しましょう。
3. スライドのサイズを［標準（4：3)］に変更しましょう。
4. スライドマスターを表示し、テーマ［木版活字］を設定しましょう。
5. スライドマスターに背景のスタイル［スタイル10］を設定しましょう。
6. ［タイトルスライド］レイアウトの背景に［復習問題］フォルダーにある画像「葉」を設定しましょう。
7. スライドマスターに［復習問題］フォルダーにあるファイル「PP食品ロゴ」を挿入し、コンテンツ領域の左下角に移動しましょう。
8. タイトルスライド以外のすべてのスライドに、スライド番号を表示するように設定しましょう。
9. スライド番号のフォントサイズを16ポイントに設定しましょう。
10. ［タイトルとコンテンツ］レイアウトで、タイトル領域とオブジェクト領域の間に線を引きましょう。
11. 線に図形のスタイル［グラデーション（線）- 濃色1］を設定しましょう。
12. マスターに「販売店向け」という名前を付け、テンプレートとして保存しましょう。
13. 標準表示でプレゼンテーションを表示しましょう。
14. 2枚目のスライドに［タイトルとコンテンツ］レイアウトのスライドを挿入しましょう。
15. 1枚目のスライドからプレゼンテーションをスライドショーで表示しましょう。
16. ［保存用］フォルダーに、「復習1-1　販売店向け（完成）」という名前で保存しましょう。

完成例

スライドショー（タイトルスライド）　　　スライドショー（タイトルとコンテンツ）

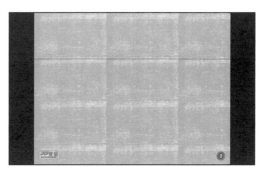

第1章　スライドマスターの活用　41

第2章

既存のデータの活用

- ■ Word文書の活用
- ■ Excelワークシートの活用
- ■ ハイパーリンクの設定
- ■ オーディオやビデオの活用
- ■ PowerPointプレゼンテーションの活用

Word文書の活用

アウトラインが設定されたWord文書をPowerPointで開くと、アウトラインを引き継いだプレゼンテーションを作成できます。あらかじめスライドの内容がWordで作成してある場合など、わざわざPowerPointで作り直す必要がなくなり、効率的にプレゼンテーションを作成できます。
また、「スクリーンショット」という機能を利用すると、Word文書の一部をPowerPointのスライド上に図として貼り付けることができるので、プレゼンテーションに必要な内容を簡単に取り込めます。

■ **アウトラインが設定されたWord文書の利用**

Wordのアウトラインは、文書を構造化したものです。見出し1から見出し9まで設定することができます。アウトラインが設定されたWord文書をPowerPointで直接開いてプレゼンテーションを作成すると、アウトラインを認識してWordで見出し1に設定した段落は、PowerPointのスライドのタイトルとして、見出し2以降は、スライドの箇条書きテキストになります。
Word文書で見出しが設定されていない段落は、スライドに取り込まれません。スライドに取り込むことが不要な段落は、あらかじめ「標準」などに設定しておくとよいでしょう。
以下はアウトラインが設定されたWord文書です。

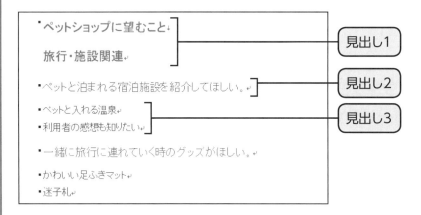

上記のWord文書をPowerPointで開くと、次のようになります。

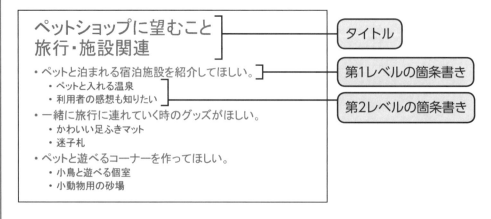

■ スクリーンショットの利用

Wordで作成した文書や表などは、スクリーンショットを使用すると、図としてスライドに取り込むことができます。取り込んだあとは、ほかの図と同じようにPowerPointでトリミングやサイズ変更などが可能です。
作成したアプリケーションを利用する必要はなく、PowerPointの機能だけでスクリーンショットを挿入できます。

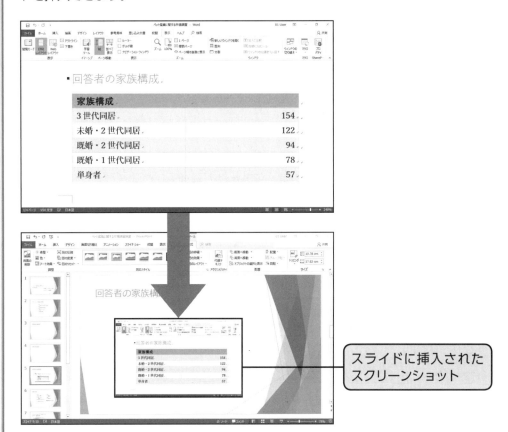

PowerPointの[挿入]タブの[スクリーンショット]ボタンをクリックして、[画面の領域]をクリックすると、スクリーンショットの任意の領域だけを切り取って貼り付けることができます。[画面の領域]を選択すると、スクリーンショットされた画像とマウスポインターが╋になった状態で表示されるので、取り込みたい領域をドラッグして囲みます。

アウトラインが設定されたWord文書をPowerPointで開く

アウトラインが設定されているWord文書をPowerPointで直接開くことによって、Word文書のアウトラインの構成をそのまま引き継いだプレゼンテーションを作成することができます。

操作☞ Word文書のアウトラインを確認してPowerPointで開く

Word文書「ペットショップに望むこと」に設定されているアウトラインを確認したあと、PowerPointで開いてアウトラインが設定されたプレゼンテーションが作成されることを確認しましょう。

Step 1 Wordを起動して、[PowerPoint2019応用]フォルダーのWord文書「ペットショップに望むこと」を開きます。

Step 2 3階層のアウトラインが設定されていることを確認します。

❶[ホーム]タブが選択されていることを確認します。

❷1行目の任意の箇所をクリックし、[スタイル]グループの一覧で[見出し1]のスタイルが適用されていることを確認します。

❸同様にして、3行目に[見出し2]のスタイルが、4行目に[見出し3]のスタイルが適用されていることを確認します。

Step 3 ✕閉じるボタンをクリックして、Wordを終了します。

Step 4 PowerPointの[ファイル]タブをクリックして、[開く]をクリックします。

Step 5 [ファイルを開く]ダイアログボックスを表示します。

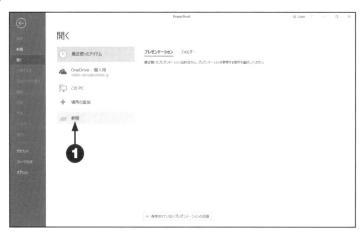

❶[参照]をクリックします。

Step 6 PowerPointでWord文書「ペットショップに望むこと」を開きます。

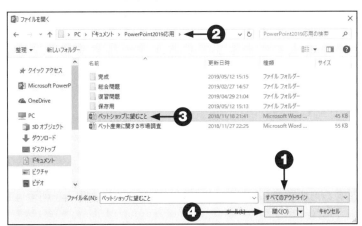

❶ [ファイルの種類] ボックスの▼をクリックして、[すべてのアウトライン] をクリックします。

❷ [PowerPoint2019応用] フォルダーが開いていることを確認します。

❸ Word文書「ペットショップに望むこと」をクリックします。

❹ [開く] をクリックします。

Step 7 アウトラインの設定を引き継いだプレゼンテーションが作成されていることを確認します。

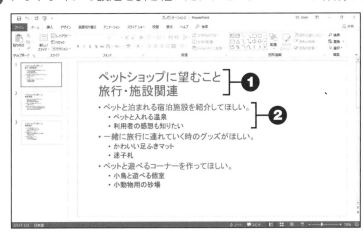

❶ Word文書に設定されていた [見出し1] がスライドタイトルになっていることを確認します。

❷ Word文書に設定されていた [見出し2] が第1レベルの箇条書きに、[見出し3] が第2レベルの箇条書きになっていることを確認します。

Step 8 [ファイル] タブをクリックして、[閉じる] をクリックします。

❗重要　スライドのサイズ

Word文書を直接開いてプレゼンテーションを作成した場合、スライドサイズは既定のワイド画面（16：9）に設定されます。標準（4：3）の比率に変更する場合は、[デザイン] タブの [スライドのサイズ] ボタンをクリックし、[標準（4：3）] をクリックします。

💡ヒント　箇条書きテキストのSmartArtグラフィックへの変換

スライドの箇条書きテキストは、SmartArtグラフィックに変換することで、視覚に訴える効果が高まり印象的になります。箇条書きテキストをSmartArtグラフィックに変換するには、箇条書きをクリックして、[ホーム] タブの [SmartArtグラフィックに変換] ボタンをクリックし、変換したいSmartArtグラフィックをクリックします。

第2章　既存のデータの活用　47

スクリーンショットの利用

スクリーンショットの機能を使うと、表示されているウィンドウ全体を画像としてコピーして貼り付けることができます。また領域を指定して、ウィンドウの一部分だけをトリミングして貼り付けることもできます。貼り付けた文書は画像として扱われるので、内容（文字や数字など）の編集は行えません。

操作 ☛ Wordの画面をスクリーンショットとして挿入する

Word文書「ペット産業に関する市場調査」を開き、スクリーンショットの機能を利用して表をスライドに貼り付けましょう。

Step 1 Wordを起動して、[PowerPoint2019応用] フォルダーのWord文書「ペット産業に関する市場調査」を開きます。

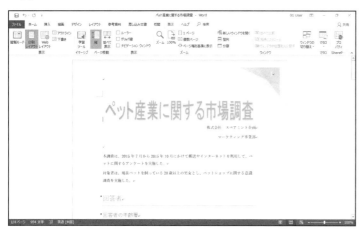

Step 2 Word文書を拡大表示します。

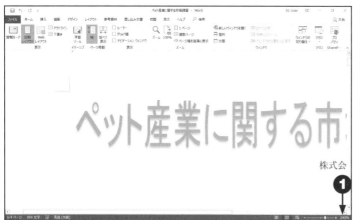

❶ズームスライダーを右にドラッグして、画面表示を [240%] にします。

💡 ヒント
[ズーム] ダイアログボックス
[表示] タブの [ズーム] ボタンをクリックして、[ズーム] ダイアログボックスで任意の倍率に変更することもできます。

Step 3 Wordの表を表示します。

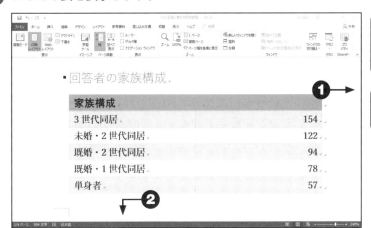

❶「回答者の家族構成」というタイトルの付いた表が表示されるまでスクロールします。

❷表が左右中央に表示されるようにスクロールします。

Step 4 タスクバーのPowerPointのアイコンをクリックして、[PowerPoint2019応用] フォルダーのファイル「ペット産業に関する市場調査結果」を開きます。

Step 5 ウィンドウのスクリーンショットを挿入します。

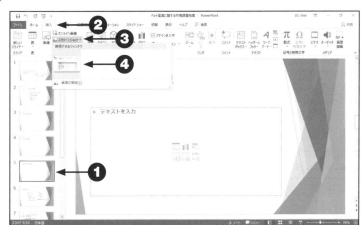

❶サムネイルの5枚目のスライドをクリックします。

❷[挿入] タブをクリックします。

❸[スクリーンショット] ボタンをクリックします。

❹[使用できるウィンドウ] の「ペット産業に関する市場調査」をクリックします。

Step 6 PowerPointのスライドに指定したウィンドウの画像が貼り付けられたことを確認します。

Step 7 タスクバーのWordのアイコン（[ペット産業に関する市場調査 － Word]）をクリックしてWord文書「ペット産業に関する市場調査」に切り替え、画面表示を [100%] に戻して、 閉じるボタンをクリックします。

第 2 章 既存のデータの活用 | 49

Excelワークシートの活用

Excelで作成したワークシートの表をPowerPointのスライドに貼り付けることができます。貼り付ける際に目的に応じて貼り付けのオプションを設定できます。このようにPowerPointでオブジェクトを新規作成するのではなく、既存の資料を利用することで作業の効率を上げることができます。

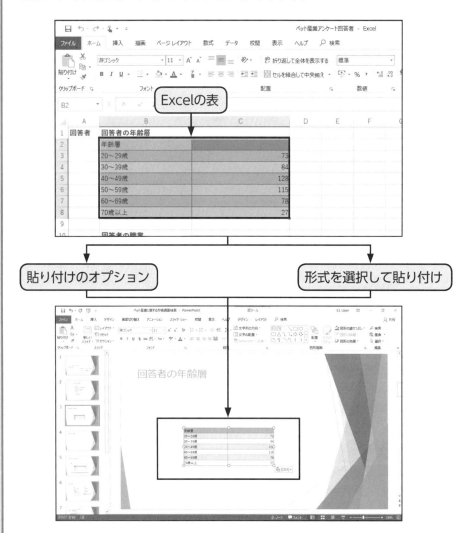

Excelで作成した表をPowerPointのスライドに貼り付ける方法は、大きく分けて2種類あります。さらに、それぞれいくつかのオプションがあります。

■ 貼り付けのオプション

Excelワークシートの表などをコピーしたあと、[ホーム] タブの [貼り付け] ボタンの▼をクリックすると、[貼り付けのオプション] として次の5種類のボタンが表示されます。

ボタン	名称	貼り付ける形式
	貼り付け先のスタイルを使用	貼り付け先のスタイルを適用して貼り付けます。貼り付け後はPowerPointの表として扱えます。[貼り付け] ボタンを使って貼り付けると、この形式になります。

ボタン	名称	貼り付ける形式
	元の書式を保持	コピー元の書式を保持して貼り付けます。貼り付け後はPowerPointの表として扱えます。
	埋め込み	貼り付け元であるPowerPointのオブジェクトとして貼り付けます。貼り付け後は、作成したアプリケーションと同様の操作でデータを編集することができます。
	図	選択した部分を図として貼り付けます。貼り付け後のデータの編集はできません。
	テキストのみ保持	選択した部分のテキスト（文字列）のみを貼り付けます。貼り付け後はPowerPointのテキストとして扱えます。

■ 形式を選択して貼り付け

Excelワークシートの表などをコピーしたあと、[ホーム] タブの [貼り付け] ボタンの▼をクリックして [形式を選択して貼り付け] をクリックすると、[形式を選択して貼り付け] ダイアログボックスが表示され、次のような選択ができます。[貼り付けのオプション] にあるボタンと処理内容が同じものもありますが、より詳細な設定ができます。

貼り付ける方法	内容
貼り付け	元のデータの内容や書式を変更しても、スライド上のデータには反映されません。貼り付けた時点のデータを固定したい場合に使います。[貼り付けのオプション] にある [埋め込み] ボタンをクリックしたときと同様の形式になります。
リンク貼り付け	元のデータの内容や書式を変更すると、スライド上のデータに反映されます。データを常に最新の状態に保ちたい場合に使います。リンク元のデータが削除されると内容の変更ができなくなります。
XXオブジェクト（XXはアプリケーション名など）	貼り付けたあと、スライド上で元のアプリケーションを使って変更したい場合に使用します。元のアプリケーションのデータをスライド上にコピーするため、プレゼンテーションのファイルサイズは大きくなります。
図（拡張メタファイル、Windowsメタファイル）	あとで修正する必要がない場合に使用します。選択部分を図に変換して貼り付けるため、ファイルサイズは小さくなります。図なので見た目はきれいに表示されます。
リッチテキスト形式、書式なしテキスト	テキスト（文字列）だけを使いたい場合に使用します。元の書式を保持したい場合はリッチテキスト形式、貼り付け先の書式にしたい場合は書式なしテキスト形式を使用します。

■ 元の書式を保持して貼り付ける

Excelワークシートの表を「元の書式を保持して貼り付け」した場合、リンク元であるExcelの書式を引き継いで、PowerPointの表として貼り付けます。

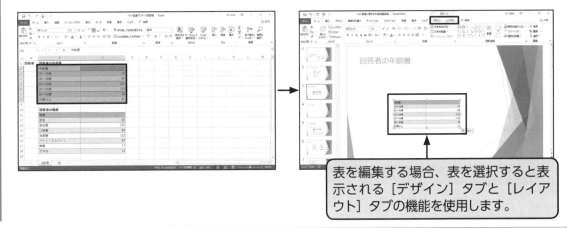

表を編集する場合、表を選択すると表示される [デザイン] タブと [レイアウト] タブの機能を使用します。

■ 埋め込みとして貼り付ける

Excelワークシートの表を「埋め込み」として、PowerPointに貼り付けた場合、コピー元になるワークシートの範囲をそのままスライドに埋め込んで貼り付けることができます。表をダブルクリックすると、リボンの表示がExcelのものに変わり、編集できるようになります。単なる貼り付けではなく、データそのものを再利用して編集したい場合は、「埋め込み」を利用します。

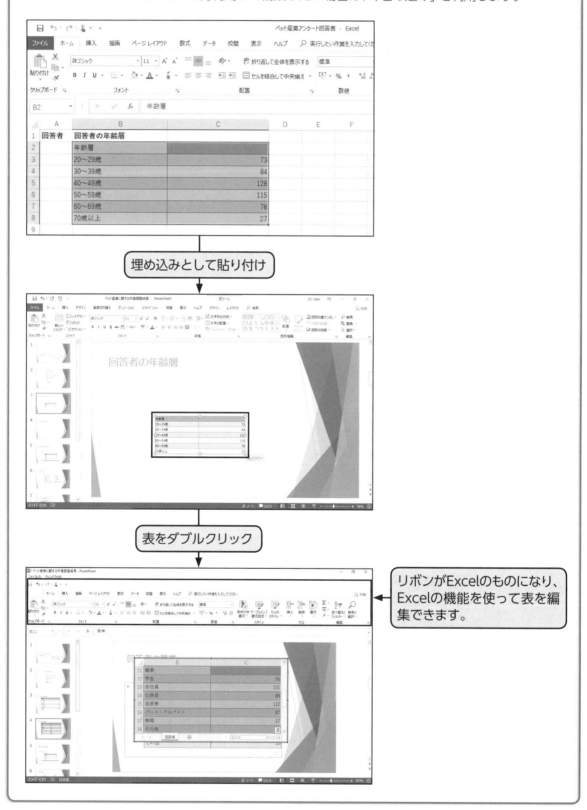

操作 ☞ Excelワークシートの表をPowerPointの表として貼り付ける

ファイル「ペット産業に関する市場調査結果」の3枚目のスライドにExcelワークシート「ペット産業アンケート回答者」の表をPowerPointの表として貼り付け、書式を変更しましょう。

Step 1 Excelを起動して、[PowerPoint2019応用]フォルダーのExcelワークシート「ペット産業アンケート回答者」を開きます。

Step 2 Excelワークシートの表をコピーします。

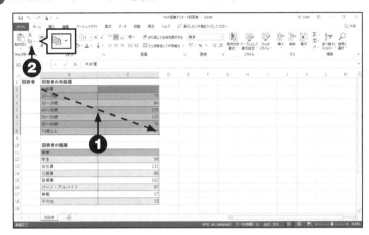

❶「回答者の年齢層」の表内をドラッグして選択します。

❷[コピー]ボタンをクリックします。

Step 3 タスクバーのPowerPointのアイコン([ペット産業に関する市場調査結果 - PowerPoint])をクリックして、ファイル「ペット産業に関する市場調査結果」に切り替えます。

Step 4 プレビューを確認して、表を貼り付けます。

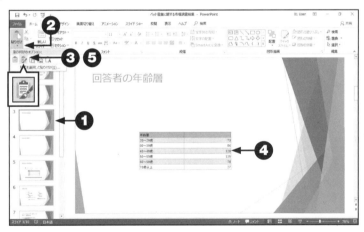

❶サムネイルの3枚目のスライドをクリックします。

❷[貼り付け]ボタンの▼をクリックします。

❸[元の書式を保持]ボタンをポイントします。

❹貼り付け後のイメージがプレビュー表示されます。

❺[元の書式を保持]ボタンをクリックします。

第2章 既存のデータの活用

Step 5 表を移動します。

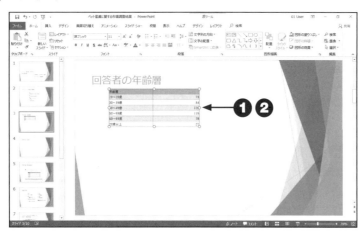

❶ 表の枠をポイントし、マウスポインターが になったことを確認します。

❷ 図を参考にドラッグして表を移動します。

Step 6 表を見やすいようにサイズを変更します。

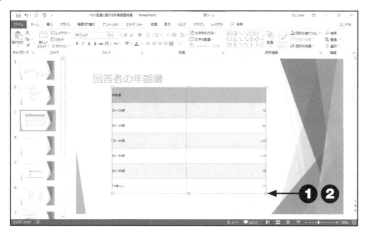

❶ 表の右下のハンドルをポイントし、マウスポインターが になったことを確認します。

❷ 図を参考にドラッグして表のサイズを拡大します。

Step 7 表のフォントサイズを変更します。

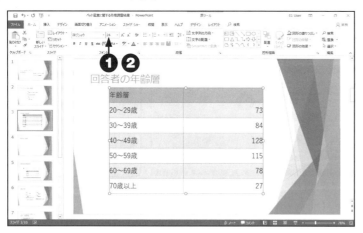

❶ [フォントサイズ] ボックスの▼をクリックします。

❷ [24] をクリックします。

操作　ExcelワークシートのExcelオブジェクトとして貼り付ける

Excelワークシートの表をExcelのオブジェクトとして貼り付けると、Excelと同様の操作でPowerPoint内で表を編集することができるようになります。Excelの表をExcelオブジェクトとして貼り付けましょう。

Step 1 タスクバーのExcelのアイコン（[ペット産業アンケート回答者 - Excel]）をクリックして、Excelワークシート「ペット産業アンケート回答者」に切り替えます。

Step 2 Excelワークシートの表をコピーします。

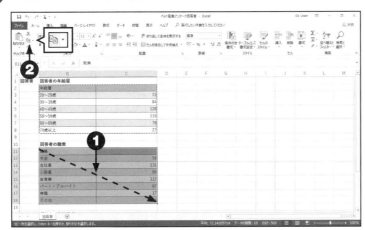

❶「回答者の職業」の表内をドラッグして選択します。

❷［コピー］ボタンをクリックします。

Step 3 タスクバーのPowerPointのアイコン（[ペット産業に関する市場調査結果 - PowerPoint]）をクリックして、ファイル「ペット産業に関する市場調査結果」に切り替えます。

Step 4 表を貼り付けます。

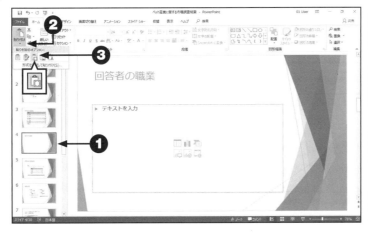

❶サムネイルの4枚目のスライドをクリックします。

❷［貼り付け］ボタンの▼をクリックします。

❸［埋め込み］ボタンをクリックします。

💡 **ヒント**
形式を選択して貼り付けを利用したExcelの表の貼り付け
［形式を選択して貼り付け］をクリックし、［Microsoft Excelワークシートオブジェクト］を選択しても、Excelの表を貼り付けることができます。

第2章 既存のデータの活用 | 55

Step 5 Excelワークシートの表が貼り付けられたことを確認します。

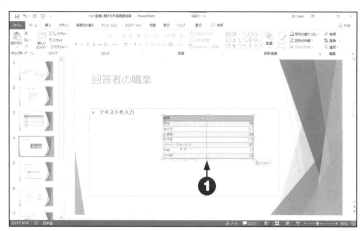

❶ Excelワークシートの表がExcelオブジェクトとして貼り付けられます。

Step 6 表を見やすいようにサイズの変更をします。

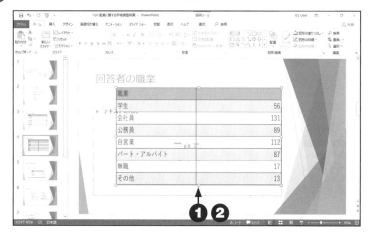

❶ 表の枠をポイントし、マウスポインターが になったことを確認して、図を参考にドラッグして表を移動します。

❷ 表のハンドルをポイントし、図を参考にドラッグして表のサイズを調整します。

Step 7 表を編集できる状態にします。

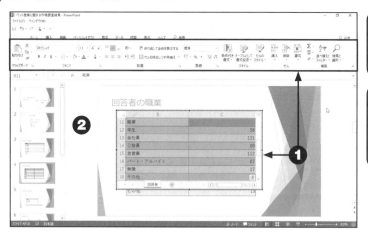

❶ 表をダブルクリックして、リボンの表示がExcelのものに変更されたことを確認します。

❷ 表以外の場所をクリックして表の選択状態を解除すると、リボンの表示がPowerPointのものに変更されたことを確認します。

Step 8 タスクバーのExcelのアイコン（[ペット産業アンケート回答者 - Excel]）をクリックしてExcelワークシート「ペット産業アンケート回答者」に切り替え、 閉じるボタンをクリックします。

ハイパーリンクの設定

スライドの文字列やオブジェクトにハイパーリンクを設定してクリックすると、リンク先のファイルやスライドなどを表示することができます。
スライドから設定できる主なリンク先は、次のとおりです。
- Word文書やExcelワークシート
- 同じプレゼンテーション内のスライドやその他のプレゼンテーション内のスライド
- 電子メールアドレス
- Web上のページやファイル

スライドにハイパーリンクを設定しておくと、スライドショーの実行中にリンク先のファイルを表示できます。
例えば、スライドショー実行中にハイパーリンクをクリックするだけで、Excelのワークシートを表示できます。Excelを閉じるとまたスライドショーに戻るので、スライドショーを中断することなくスムーズに切り替えることができます。

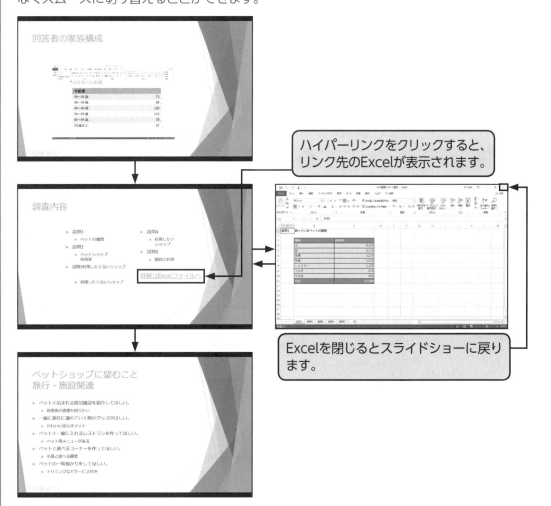

操作 Excelワークシートへのハイパーリンクを設定する

6枚目のスライドの「詳細はExcelファイルへ」の文字列に、Excelワークシート「ペット産業アンケート集計」へのハイパーリンクを設定しましょう。

Step 1 [ハイパーリンクの挿入] ダイアログボックスを表示します。

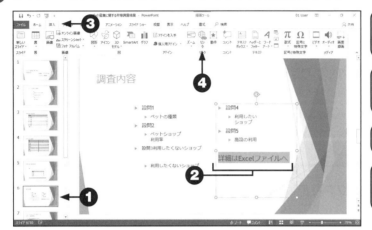

① サムネイルの6枚目のスライドをクリックします。

② 「詳細はExcelファイルへ」をドラッグして範囲選択します。

③ [挿入] タブをクリックします。

④ [リンク] ボタンをクリックします。

Step 2 Excelワークシート「ペット産業アンケート集計」へのハイパーリンクを設定します。

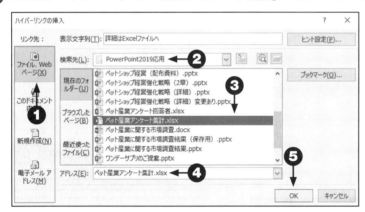

① [リンク先] の [ファイル、Webページ] が選択されていることを確認します。

② [検索先] ボックスに「PowerPoint2019応用」と表示されていることを確認します。

③ [現在のフォルダー] の一覧の「ペット産業アンケート集計」をクリックします。

④ [アドレス] ボックスに「ペット産業アンケート集計.xlsx」と表示されていることを確認します。

⑤ [OK] をクリックします。

Step 3 文字列「詳細はExcelファイルへ」にハイパーリンクが設定されたことを確認します。

❶ 文字列「詳細はExcelファイルへ」が下線付きで表示されます。

❷ 文字列以外の場所をクリックして、文字列の選択を解除します。

操作 ☞ ハイパーリンクを確認する

スライドショーを実行し、「詳細はExcelファイルへ」をクリックして、ファイル「ペット産業アンケート集計」へのハイパーリンクを確認しましょう。

Step 1 現在のスライドからスライドショーを実行します。

❶ [スライドショー] タブをクリックします。

❷ [現在のスライドから] ボタンをクリックします。

💡 **ヒント**
現在のスライドからのスライドショーの実行
ステータスバーの 🖵 [スライドショー] ボタンをクリックするか、**Shift**+**F5**キーを押しても、現在のスライドからスライドショーを実行することができます。

Step 2 ハイパーリンクの動作を確認します。

❶「詳細はExcelファイルへ」をポイントし、マウスポインターが 🖑 になっていることを確認します。

❷ ポイントしている位置でクリックします。

第2章 既存のデータの活用　59

Step 3 Excelが起動してリンク先のExcelの「ペット産業アンケート集計」が表示されます。

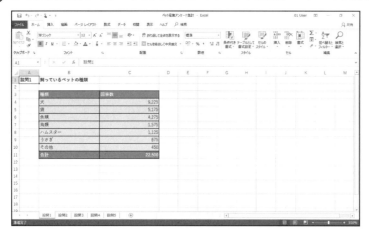

Step 4 ×閉じるボタンをクリックして、Excelを終了します。

Step 5 スライドショーに戻ります。

Step 6 **Esc**キーを押して、スライドショーを終了します。

> **重要　ハイパーリンクを設定したファイルがない場合**
> スライドショーを実行するときにハイパーリンクを設定したファイルがないと、ファイルを開くことができません。その他のコンピューターでスライドショーを行う場合やネットワーク上のフォルダーにファイルを保存している場合などは、必ずリンク先のファイルが正常に開くかを確認しておきましょう。

オーディオやビデオの活用

オーディオをプレゼンテーションのスライドに挿入すると、プレゼンテーションを実行中に音楽や音声などを再生することができます。スライドショーの最初から最後まで再生したり、特定のスライドを表示したときにだけ再生するということもできます。
ビデオをスライドに挿入すると、インタビューの再生やデモンストレーションなどが行えます。また、PowerPointでビデオの簡単な編集もできます。

■ オーディオの利用
PowerPointでは、音楽や音声のファイルを「オーディオ」といいます。プレゼンテーションにオーディオを追加すると、聞き手の関心を高めたり、理解度を高めたりする効果が期待できます。オーディオを挿入すると、スライドに「オーディオアイコン」と「オーディオコントロール」が表示されるので、再生などのボタンを利用してスライドショー実行時はもちろん、標準表示のままでもオーディオを再生できます。

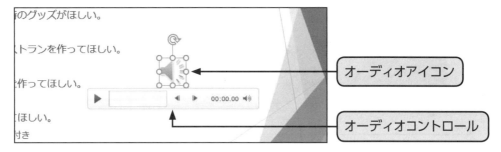

オーディオアイコンは、移動したり大きさを変更できます。通常はスライド表示をさまたげないよう、アイコンはスライドの端に移動したり、小さくしておきます。また、スライドショー実行時に非表示にすることも可能です。

■ オーディオの再生
スライドショー実行時に再生されるオーディオは、スライドが表示されたとき、またはオーディオをクリックしたタイミングで再生できます。オーディオアイコンをクリックして表示される[オーディオツール]の[再生]タブでさまざまな設定を行うことができます。

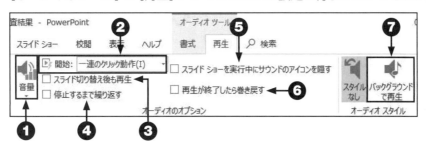

①オーディオの音量を調整します。
②オーディオを開始するタイミングを設定します。
③スライドが切り替わってもオーディオを再生します。
④オーディオを繰り返し再生します。
⑤スライドショー実行時にオーディオアイコンを非表示にします。
⑥オーディオの再生が終了したら、また先頭から再生します。
⑦スライドショー実行時に自動的に複数のスライドでオーディオを再生します。

■ ビデオの利用

スライドにビデオを挿入することができます。ビデオは静止画像よりも臨場感を伝える効果があり、プレゼンテーションにビデオを盛り込むことによって聞き手の関心を集めることができます。挿入したビデオは移動したり、サイズを変更できます。ビデオを挿入するとオーディオと同様に、再生ボタンなどがある「ビデオコントロール」が表示され、標準表示のままでも再生できます。また、その他のアプリケーションを使用しなくても、PowerPointで明るさやコントラストの調整、開始時間と終了時間の指定（トリミング）などの編集も簡単にできます。

■ ビデオの再生

ビデオはスライドショー実行時に再生されます。再生するタイミングは、スライドが表示された場合とビデオをクリックした場合です。ビデオをクリックして表示される [ビデオツール] の [再生] タブでさまざまな設定を行うことができます。

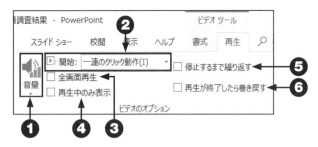

①ビデオの音量を調整します。
②ビデオを開始するタイミングを設定します。
③ビデオを全画面で再生します。
④再生中のビデオを表示して、再生されていないビデオは非表示にします。
⑤ビデオを繰り返し再生します。
⑥ビデオの再生が終了したら、また先頭から再生します。

■ ビデオのトリミング

スライドに挿入したビデオは、[再生] タブの [ビデオのトリミング] ボタンをクリックしてトリミング機能を利用することができます。例えば、先頭と末尾の不要な部分を削除したり、見せたい場面だけを残すことなどができます。

①開始点をドラッグしてビデオの先頭部分をトリミングします。
②終了点をドラッグしてビデオの末尾部分をトリミングします。
③ビデオの開始時間を表示します。
④ビデオの終了時間を表示します。
⑤1つ前のフレームを表示します。
⑥ビデオを再生します。
⑦1つ次のフレームを表示します。

第2章　既存のデータの活用　63

オーディオの利用

PowerPoint 2013からは、オーディオを挿入するとアイコンだけではく、その下に再生などのボタンが表示されます。このため、標準表示のままでもオーディオを再生できるようになっています。

操作 オーディオを挿入する

7枚目のスライドを表示したときに音楽が再生されるように[PowerPoint2019応用]フォルダーの「ガヴォット」というオーディオを挿入しましょう。

Step 1 [オーディオの挿入]ダイアログボックスを表示します。

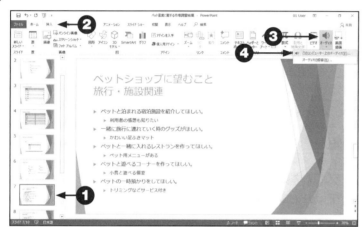

❶ サムネイルの7枚目のスライドをクリックします。

❷ [挿入]タブをクリックします。

❸ [オーディオ]ボタンをクリックします。

❹ [このコンピューター上のオーディオ]をクリックします。

ヒント
オーディオ機器の接続
オーディオを挿入するには、コンピューターがスピーカーなどのオーディオ機器に接続されている必要があります。

Step 2 オーディオを挿入します。

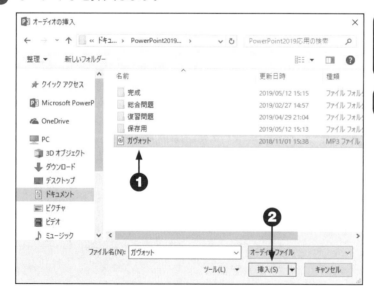

❶ [PowerPoint2019応用]フォルダーにある「ガヴォット」をクリックします。

❷ [挿入]をクリックします。

Step 3 オーディオが挿入されたことを確認します。

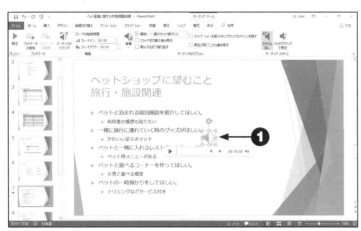

❶ オーディオアイコンが表示されていることを確認します。

Step 4 オーディオアイコンの位置とサイズを調整します。

❶ オーディオアイコンの枠をポイントし、マウスポインターが ✥ になったことを確認して、図を参考にドラッグしてオーディオアイコンを移動します。

❷ オーディオアイコンのハンドルをポイントし、図を参考にドラッグしてオーディオアイコンのサイズを調整します。

操作 👉 オーディオの設定を変更する

オーディオアイコンをクリックすると、[オーディオツール] の [書式] タブと [再生] タブが表示されます。7枚目から10枚目のスライドについて、表示と同時に音楽が繰り返し再生されるように設定を変更しましょう。

Step 1 スライドが表示されたときにオーディオが自動的に再生されるように設定します。

❶ [再生] タブをクリックします。

❷ [開始] ボックスの▼をクリックします。

❸ [自動] をクリックします。

第 2 章　既存のデータの活用　65

Step 2 オーディオが繰り返し再生されるように設定します。

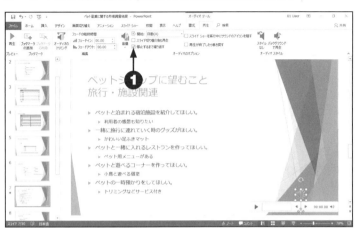

❶ [停止するまで繰り返す] チェックボックスをオンにします。

Step 3 スライドショーの実行中はオーディオアイコンを非表示にするように設定します。

❶ [スライドショーを実行中にサウンドのアイコンを隠す] チェックボックスをオンにします。

💡 **ヒント**
オーディオアイコン
オーディオアイコンは、スライドショーを実行したときにも表示されます。スライドショー実行時にオーディオアイコンを非表示にするには、[スライドショーを実行中にサウンドのアイコンを隠す] チェックボックスをオンにする必要があります。

Step 4 10枚目のスライドまで音楽が再生されるように設定するため [再生オーディオ] ダイアログボックスを表示します。

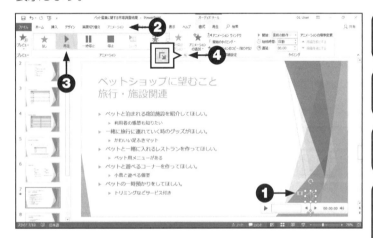

❶ オーディオアイコンが選択されていることを確認します。

❷ [アニメーション] タブをクリックします。

❸ [再生] が選択されていることを確認します。

❹ [アニメーション] グループの [効果のその他のオプションを表示] ボタンをクリックします。

Step 5 オーディオ再生の効果を変更します。

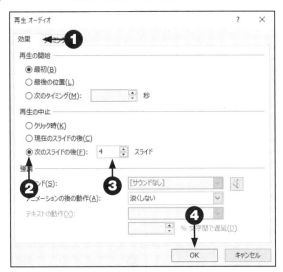

❶ [効果] タブが選択されていることを確認します。

❷ [再生の中止] の [次のスライドの後] をクリックします。

❸ [スライド] ボックスに「4」と入力します。

❹ [OK] をクリックします。

💡 ヒント
再生を中止するスライド
7枚目から10枚目までの4枚のスライドの表示時にオーディオを再生したいときは、[次のスライドの後] ボックスに4枚目を意味する「4」を入力します。

Step 6 現在のスライドからスライドショーを実行します。

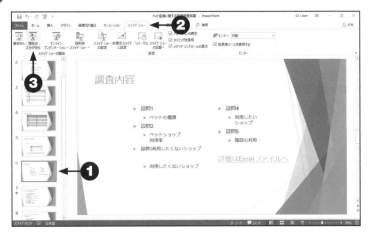

❶ サムネイルの6枚目のスライドをクリックします。

❷ [スライドショー] タブをクリックします。

❸ [現在のスライドから] ボタンをクリックします。

Step 7 **Enter**キーを押して、7枚目のスライドで、オーディオ「ガヴォット」が自動再生されることを確認します。

Step 8 **Enter**キーを押して、8枚目から10枚目のスライドにもオーディオが設定されていることを確認します。

Step 9 **Esc**キーを押して、スライドショーを終了します。

第2章 既存のデータの活用 | 67

ビデオの利用

ビデオを挿入するとオーディオと同様に、再生ボタンなどが表示され、標準表示のままでも再生できます。PowerPoint 2010からは、明るさやコントラストの調整、開始時間と終了時間の指定（トリミング）などの編集も簡単にできるようになりました。

操作 ビデオを挿入する

10枚目のスライドに [PowerPoint2019応用] フォルダーの「海」というビデオを挿入しましょう。

Step 1 [ビデオの挿入] ダイアログボックスを表示します。

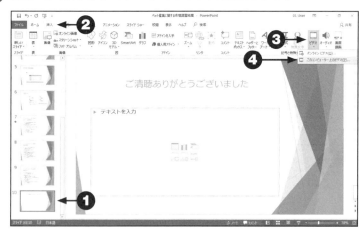

❶ サムネイルの10枚目のスライドをクリックします。

❷ [挿入] タブをクリックします。

❸ [ビデオ] ボタンをクリックします。

❹ [このコンピューター上のビデオ] をクリックします。

💡 ヒント
ビデオの挿入方法
スライドレイアウトが [タイトルとコンテンツ]、[2つのコンテンツ]、[比較]、[タイトル付きのコンテンツ] の場合は、プレースホルダーの [ビデオの挿入] アイコンをクリックして、[ビデオの挿入] ダイアログボックスを表示することもできます

Step 2 ビデオを挿入します。

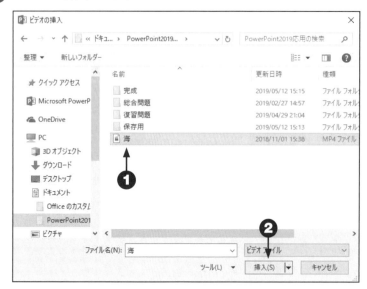

❶ [PowerPoint2019応用] フォルダーにある「海」をクリックします。

❷ [挿入] をクリックします。

Step 3 ビデオが挿入されたことを確認します。

❶ビデオの画面が表示されていることを確認します。

操作 ☞ ビデオの設定を変更する

挿入したビデオの画面を選択すると、[ビデオツール] の [書式] タブと [再生] タブが表示されます。スライドの表示と同時にビデオが繰り返し再生されるように設定を変更しましょう。また、ビデオの開始時間と終了時間を設定しましょう。

Step 1 スライドが表示されたときにビデオが自動的に再生されるように設定します。

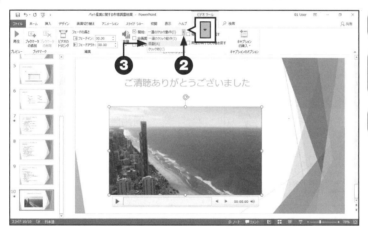

❶[再生] タブをクリックします。

❷[開始] ボックスの▼をクリックします。

❸[自動] をクリックします。

Step 2 ビデオが繰り返し再生されるように設定します。

❶[停止するまで繰り返す] チェックボックスをオンにします。

第 2 章 既存のデータの活用

Step 3 [ビデオのトリミング] ダイアログボックスを表示します。

❶ [ビデオのトリミング] ボタンをクリックします。

Step 4 開始時間と終了時間を指定して、ビデオの先頭と後ろの不要な部分をトリミングします。

❶ [開始時間] ボックスに「00:01」と入力し、ビデオの先頭から1秒分をトリミングします。

❷ [終了時間] ボックスに「00:15」と入力し、ビデオの15秒以降をトリミングします。

❸ [OK] をクリックします。

💡 ヒント
開始時間と終了時間の設定
緑のスライダーをドラッグしてビデオの開始時間を、赤のスライダーをドラッグしてビデオの終了時間を、設定することもできます。
また、◀ [前のフレーム] ボタンと ▶ [次のフレーム] ボタンを使って、1コマ単位でビデオの開始や終了の時間を指定することもできます。

Step 5 [スライドショー] タブの [現在のスライドから] ボタンをクリックします。

Step 6 ビデオ「海」が自動再生されることを確認します。

Step 7 **Esc**キーを2回押して、スライドショーを終了します。

PowerPointプレゼンテーションの活用

スライドを作成するときに、作成済みのプレゼンテーションのスライドを利用できる場合、その他のプレゼンテーションのスライドを挿入したり、スライドへのリンクを設定したりするなど、既存のPowerPointのプレゼンテーションを活用することで作業時間を短縮できます。

■ 既存のプレゼンテーションのスライドの利用

現在作成中のプレゼンテーションのスライドに、既存のプレゼンテーションのスライドを追加して利用できます。
「スライドの再利用」を使用することで、既存のプレゼンテーションをPowerPointで開いてからコピーするという手間を省くことができて便利です。
指定したプレゼンテーションのスライド一覧が[スライドの再利用]作業ウィンドウに表示されるので、追加したいスライドを選択するだけで作成中のプレゼンテーションに簡単にスライドを追加できます。スライドは現在選択しているスライドのあとに追加されます。

その他のプレゼンテーションのスライド一覧が表示されるので、利用したいスライドを選択します。

■ 動作設定ボタンを利用したスライドへリンク

ハイパーリンクは、文字列やオブジェクトに設定できますが、あらかじめ用意されている図形の「動作設定ボタン」にリンクを設定することもできます。スライドショー実行時にボタンをクリックしたときや、ボタンをポイントしたときの動作を追加することが可能です。
動作設定ボタンは、ほかの図形と同じように移動したりサイズを変更したりすることができます。

ボタン	ボタン名	クリック時の初期設定
◁	戻る/前へ	現在のスライドの前のスライドへ移動します。
▷	進む/次へ	現在のスライドの次のスライドへ移動します。
◁|	最初に移動	最初のスライドへ移動します。
|▷	最後に移動	最後のスライドへ移動します。
⌂	ホームへ移動	最初のスライドへ移動します。
ⓘ	情報の取得	なし
↶	戻る	最後に表示したスライドに戻ります。
▭	ビデオ	なし
▯	ドキュメント	任意のアプリケーションを起動します。

ボタン	ボタン名	クリック時の初期設定
🔊	サウンド	サウンドを再生します。
?	ヘルプ	なし
☐	空白	なし

■ オブジェクトの動作設定

スライドに動作設定ボタンを挿入すると、[オブジェクトの動作設定] ダイアログボックスが表示されるので、マウスをクリックしたときやポイントしたときの動作を設定します。前後のスライドを表示したり、特定のファイルを開いたり、オーディオやビデオを再生するなどの動作を割り当てることができます。

既存のプレゼンテーションの利用

既存のプレゼンテーションから任意のスライドを挿入するときに [スライドの再利用] 作業ウィンドウを使用すると、既存のプレゼンテーションをPowerPointで開いてからコピーする、という手間が必要ないため便利です。

操作☞ その他のプレゼンテーションのスライドを挿入する

6枚目のスライドのあとに、ファイル「ペットショップ経営強化戦略 (2章)」から「ペットに対する意識の変化」と「これからのサービス」の2つのスライドを挿入しましょう。

Step 1 [スライドの再利用] 作業ウィンドウを表示します。

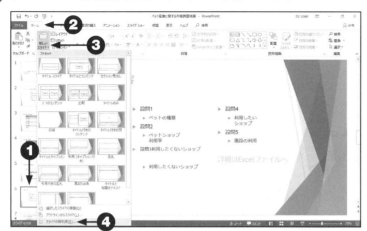

❶ サムネイルの6枚目のスライドをクリックします。

❷ [ホーム] タブをクリックします。

❸ [新しいスライド] ボタンの▼をクリックします。

❹ [スライドの再利用] をクリックします。

Step 2 [参照] ダイアログボックスを表示します。

❶ [PowerPointファイルを開く] をクリックします。

Step 3 参照するプレゼンテーションを指定します。

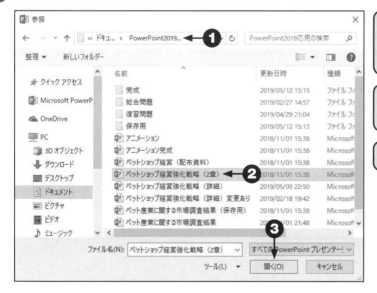

❶ [PowerPoint2019応用] フォルダーが開いていることを確認します。

❷ 「ペットショップ経営強化戦略(2章)」をクリックします。

❸ [開く] をクリックします。

第2章 既存のデータの活用 73

Step 4 挿入する1枚目のスライドを指定します。

① [スライドの再利用] 作業ウィンドウにスライドの一覧が表示されたことを確認し、「ペットに対する意識の変化」と「これからのサービス」のスライドが表示されるまでスクロールします。

② 「ペットに対する意識の変化」のスライドをクリックします。

③ 選択したスライドが7枚目に挿入されたことを確認します。

Step 5 挿入する2枚目のスライドを指定します。

① 「これからのサービス」のスライドをクリックします。

② 選択したスライドが8枚目に挿入されたことを確認します。

③ 閉じるボタンをクリックします。

> 💡 **ヒント** **スライドを再利用するときのテーマ**
> 異なるテーマが設定されているスライドを再利用した場合、現在開いているプレゼンテーションに設定されているテーマが自動的に設定されます。[スライドの再利用] 作業ウィンドウの [元の書式を保持する] チェックボックスをオンにすると、元のプレゼンテーションに設定されているテーマを維持したままスライドが挿入されます。

その他のスライドへのハイパーリンク

「動作設定ボタン」を使用して、その他のプレゼンテーションのスライドにハイパーリンクを設定します。

操作☞ その他のスライドへのハイパーリンクを設定する

9枚目のスライドの右下に動作設定ボタンを作成して、ファイル「ペットショップ経営強化戦略（2章）」の12枚目のスライドにハイパーリンクを設定しましょう。

Step 1 図形の一覧を表示します。

❶ サムネイルの9枚目のスライドをクリックします。

❷ [挿入] タブをクリックします。

❸ [図形] ボタンをクリックします。

Step 2 ドキュメントへのハイパーリンクを設定する動作ボタンを選択します。

❶ [動作設定ボタン] の [動作設定ボタン：ドキュメント] をクリックします。

第 2 章 既存のデータの活用

Step 3 動作設定ボタンを作成して[オブジェクトの動作設定]ダイアログボックスを表示します。

❶ マウスポインターが＋になっていることを確認して、図を参考にドラッグしてボタンを描画します。

Step 4 マウスでの操作時の動作を設定します。

❶ [マウスのクリック]タブが選択されていることを確認します。

❷ [ハイパーリンク]をクリックします。

❸ [ハイパーリンク]ボックスの▼をクリックして、[その他のPowerPointプレゼンテーション]をクリックします。

Step 5 ハイパーリンクを設定するプレゼンテーションを指定します。

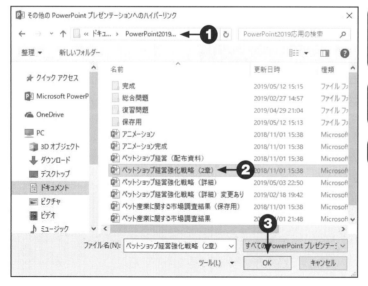

❶ [PowerPoint2019応用]フォルダーが開いていることを確認します。

❷ 「ペットショップ経営強化戦略(2章)」をクリックします。

❸ [OK]をクリックします。

Step 6 ハイパーリンクを設定するスライドを指定します。

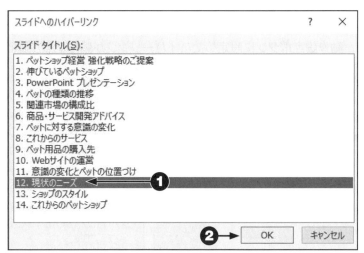

❶ [スライドタイトル] ボックスの [12.現状のニーズ] をクリックします。

❷ [OK] をクリックします。

Step 7 スライドへのハイパーリンクが設定されたことを確認します。

❶ [ハイパーリンク] ボックスに選択したスライド名の「現状のニーズ」が表示されていることを確認します。

❷ [OK] をクリックします。

Step 8 動作設定ボタン以外の場所をクリックして、ボタンの選択を解除します。

💡 ヒント　設定済みのリンク先の編集

ハイパーリンクの設定は絶対パスで指定されているため、リンク先のファイルを別のフォルダーに移動すると、ハイパーリンクの機能は無効になります。このような場合、再度リンク先を指定する必要があります。
設定済みのリンク先を編集するには、動作設定ボタンを右クリックし、ショートカットメニューの [リンクの編集] をクリックします。[オブジェクトの動作設定] ダイアログボックスが表示されるので、前述の手順と同様にリンク先のファイルを再度指定します。

操作☞ 動作設定ボタンの動作を確認する

スライドショーを実行して、動作設定ボタンに設定したハイパーリンクが動作するか確認しましょう。

Step 1 [スライドショー] タブの [現在のスライドから] ボタンをクリックします。

Step 2 ハイパーリンクの動作を確認します。

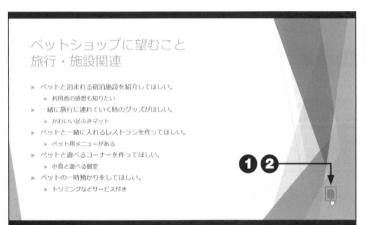

❶ 動作設定ボタンをポイントし、マウスポインターが🖑になっていることを確認します。

❷ ポイントしている位置でクリックします。

Step 3 ハイパーリンク先のファイル「ペットショップ経営強化戦略(2章)」の12枚目のスライドがスライドショーで表示されることを確認します。

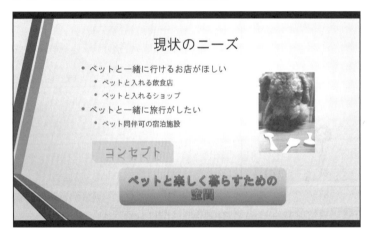

Step 4 **Esc**キーを2回押して、スライドショーを終了します。

Step 5 [保存用] フォルダーに、ファイル「ペット産業に関する市場調査結果」を保存します。

Step 6 [ファイル] タブをクリックして、[閉じる] をクリックします。

> **❗重要　オブジェクトの動作について**
>
> 動作設定ボタンには、あらかじめ動作が割り当てられているものがあります。例えば、◁ [戻る／前へ]、▷ [進む／次へ]、◁◁ [最初]、▷▷ [最後] などは、プレゼンテーション内を移動する動作が割り当てられています。
> ◁)) [サウンド] は音声の再生が割り当てられています。
> また、動作設定ボタン以外に、図形、画像などのオブジェクトにも動作を割り当てることができます。動作を割り当てたいオブジェクトをクリックし、[挿入] タブの [動作] ボタンをクリックして、[オブジェクトの動作設定] ダイアログボックスで設定します。

この章の確認

- ☐ アウトラインが設定されたWord文書からプレゼンテーションを作成できますか？
- ☐ スクリーンショットを使ってWordの表をスライドに貼り付けることができますか？
- ☐ Excelワークシートの表をPowerPointの表として貼り付けることができますか？
- ☐ Excelワークシートの表をExcelのオブジェクトとして貼り付けることができますか？
- ☐ Excelワークシートへハイパーリンクを設定することができますか？
- ☐ ハイパーリンクの設定を確認することができますか？
- ☐ オーディオをスライドに挿入することができますか？
- ☐ ビデオをスライドに挿入することができますか？
- ☐ 挿入したビデオをトリミング（開始時間と終了時間の指定）することができますか？
- ☐ その他のプレゼンテーションからスライドを挿入することができますか？
- ☐ 動作設定ボタンにハイパーリンクを設定することができますか？

問題 2-1

ポイントカードの市場についてのプレゼンテーションを完成させましょう。

1. ファイル「復習2-1　ポイントカードの市場」を開きましょう。
2. Word文書「復習2-1　ポイントカードに関する資料」を開き、4枚目のスライドのタイトル領域の2行目に、見出し「利用する主な店舗・施設」を貼り付けましょう。
3. Word文書「復習2-1　ポイントカードに関する資料」の「ポイントカードへの不満」の下にある箇条書き「カードを忘れるとポイントがつかない」から「ポイントの残高がわかりづらい」までを5枚目のスライドのオブジェクト領域に貼り付けましょう（貼り付け先のテーマを使用）。
4. 4枚目のスライドに、Word文書「復習2-1　ポイントカードに関する資料」の「利用する主な店舗・施設」の表を、スクリーンショットの画面領域を指定する機能を利用してオブジェクト領域に貼り付けましょう。
5. 貼り付けた表を、完成例を参考に大きさを拡大して、スライドの中央に移動しましょう。
6. 2枚目のスライドの「Excelの表へ」の文字列に、[復習問題]フォルダーにあるExcelファイル「復習2-1　ポイントカード市場調査」へハイパーリンクを設定しましょう。
7. 1枚目のスライドに、オーディオ「大きな古時計」を挿入して、自動再生するように設定しましょう。
8. 6枚目のスライドの右下に、[動作設定ボタン：ドキュメント]を挿入し、ファイル「復習2-1　ICカードのご提案」の7枚目のスライド「今後のサービス」へハイパーリンクを設定しましょう。
9. スライドショーを実行して、ハイパーリンク先を確認しましょう。
10. [保存用]フォルダーに、「復習2-1　ポイントカードの市場（完成）」という名前で保存しましょう。

完成例

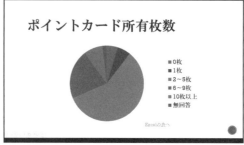
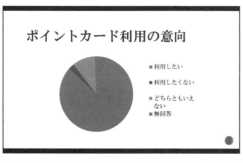

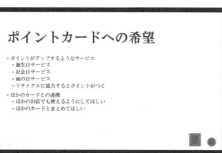

第3章

アニメーションの活用

- 効果を上げるアニメーションの活用
- 連続したアニメーションの作成

効果を上げるアニメーションの活用

アニメーション効果はスライドの構成要素に印象の強弱をもたらします。
スライドの一部を強調することは書式設定でも可能ですが、アニメーション効果を使うと、特定の箇所をどのタイミングで見て欲しいかを発表者がコントロールすることができます。

アニメーション効果の基礎知識

アニメーションを効果的に活用するには、「何を」強調したいのか、「いつ」見せたいのか、また「一度に」見せたいのか、「話しながら順番に」見せたいのかなど、発表者の説明したいことに沿って設定します。
板書やOHPといった発表ツールでも利用していたような、要点に赤線を引いたり、箇条書きから引き出し線を付けてまとめの文に導いたりといったこともアニメーション効果によって可能になります。

アニメーション効果には大きく分けて次の4種類があります。

アニメーション効果の種類	種類の内容
開始	非表示のオブジェクトを表示するアニメーション効果です。説明に合わせて表示させたい部分に使用します。
強調	すでに表示されているオブジェクトを強調して表示するアニメーション効果です。説明の途中でアピールしたい部分に使用します。
終了	すでに表示されているオブジェクトを非表示にするアニメーション効果です。説明が終わったあとで消したい部分に使用します。
アニメーションの軌跡	すでに表示されているオブジェクトを設定した線に沿って移動させるアニメーション効果です。動きに変化をつけたい部分に使用します。

■ **主なアニメーション効果**
アニメーション効果の代表的な例を紹介します。それぞれさらに詳細な動きの方向を設定することができます。

スライドイン
オブジェクトが移動しながら画面に表示されます。
以下は文字列が左から右へスライドインしている例です。

からの集客	サイトからの集客	・ サイトからの集客

ワイプ
オブジェクトが上下左右方向から徐々に表示、あるいは消去されます（wipeは「拭き取る」、「ぬぐう」の意味）。

ズーム
開始時に適用すると、大きくなりながら表示される「イン」を設定できます。
終了時に適用すると、徐々に小さくなって非表示になる「アウト」を設定できます。

ディゾルブ
少しずつ表示される、あるいは欠けていく動きになります。開始時に「ディゾルブイン」、終了時に「ディゾルブアウト」を設定できます（dissolveは「溶ける」、「溶かす」の意味）。

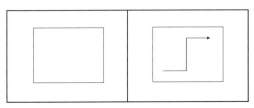

アピール
一瞬のうちに表示されます。

フェード
薄い状態から徐々に表示される、あるいは徐々に薄くなって非表示になります。

■ アニメーション効果を設定するポイント

アニメーション効果は以下のようなときに設定すると効果的です。

- 聞き手が文章を読んだり、図を見たりするタイミングをコントロールしたい
    - 例：箇条書きやフローチャート、グラフに使う
- 画面のなかでどこに注目してほしいかを確実に指定したい
    - 例：OHPのフィルムのように強調するオブジェクトを追加する
- 印象を強めたい
    - 例：キーワードやキャッチコピーなどにインパクトのある動きにして全体の印象を強める

また、アニメーション効果を設定する際、次の点にも注意するようにします。

- 聞き手が発表者の話に集中できるようにする
    - ・強調したいものだけに設定する
    - ・視線の自然な動きに合わせて設定する
    - ・文字列、ワードアート、表など文字を読ませるものには早い動きを設定する
    - ・文字を読ませる必要のないオブジェクトには遅い動きを設定してもよいが、あまり遅いと発表者の話が中断してしまうので注意が必要
    - ・意味なくその他のオブジェクトを隠すような動きは避ける
- 話の流れに沿っているような設定にする
    - ・同じレベルのものには同じ種類のアニメーション効果を設定する
    - ・説明する順序とアニメーション効果の順序を同じにする
    - ・アニメーションを動かしたあと言葉で説明する場合は消える動きにしない

■ アニメーション効果の開始のタイミング

複数のアニメーションを効果的に見せるには、アニメーション効果を開始するタイミングを設定します。開始するタイミングは、[アニメーション] タブの [開始] ボックスで選択します。

タイミング	アニメーション効果の開始
クリック時	クリック操作でアニメーション効果を開始します。
直前の動作の後	直前のアニメーション効果の終了後にアニメーション効果を開始します。
直前の動作と同時	直前のアニメーション効果の開始と同時にアニメーション効果を開始します。

初期設定

アニメーション効果を設定しても、スライドショー実行時にはスライドをクリックしないと次のアニメーション効果が実行されません。

これは、初期設定で開始のタイミングが [クリック時] になっているためです。複数のアニメーション効果を設定した場合、その数だけクリック操作をする必要があり、発表者が操作に気をとられてプレゼンテーションがおろそかになる可能性があるので注意が必要になります。

直前のアニメーションの動作後の実行

1回のクリック操作で自動的に連続してアニメーション効果を実行すれば、発表者がクリックするタイミングにとらわれずにプレゼンテーションに集中することができます。開始のタイミングを [直前の動作の後] にすると、1つ目のアニメーション効果のあと、自動的に次のアニメーション効果が実行されます。

直前のアニメーション動作と同時の実行

2つのオブジェクトに、それぞれアニメーション効果を設定します。例えば、最初にオブジェクトAにアニメーション効果を設定して、次にオブジェクトBにアニメーション効果を設定します。オブジェクトBに [直前の動作と同時] を設定すると、2つのアニメーション効果は同時に実行されます。

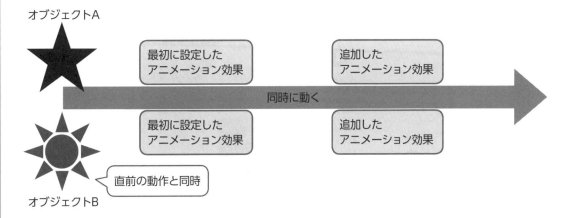

これらのアニメーション効果の設定は、スライドに挿入された文字列のほかに、画像、グラフ、図形、SmartArtグラフィック、表などのオブジェクトに適用できます。

いずれもオブジェクトを選択して、[アニメーション] タブでアニメーション効果の設定を行います。

流れに沿ったアニメーションの作成

箇条書きがたくさんあるスライドや、重要なフローチャートをじっくり説明したい場合などは、アニメーション効果を設定すると話の流れを伝えやすくすることができます。

操作 ☞ 箇条書きを表示するアニメーション効果を設定する

ファイル「アニメーション」を開き、10枚目のスライドの箇条書きを表示するアニメーション効果を設定しましょう。

Step 1 [PowerPoint2019応用] フォルダーのファイル「アニメーション」を開きます。

Step 2 箇条書きを選択して、アニメーション効果の一覧を表示します。

❶ サムネイルの10枚目のスライドをクリックします。

❷ 箇条書きのプレースホルダーをクリックして、枠線が表示されたことを確認します。

❸ [アニメーション] タブをクリックします。

❹ [アニメーション] グループの [その他] ボタンをクリックします。

Step 3 アニメーション効果を設定します。

❶ [開始] の [スライドイン] をクリックします。

❷ 箇条書きが4つのグループごとに下から移動しながら表示されることを確認します。

Step 4 アニメーション効果の速さを変更します。

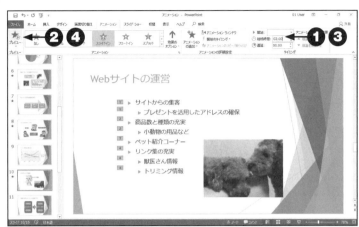

❶ [継続時間] ボックスに「02.00」と入力します。

❷ [プレビュー] ボタンをクリックして、アニメーション効果の速さが遅くなることを確認します。

❸ [継続時間] ボックスに「00.50」と再入力します。

❹ [プレビュー] ボタンをクリックして、アニメーション効果の速さが速くなることを確認します。

💡 ヒント
ダイアログボックスによる継続時間の設定
[アニメーション] グループの右下にある [効果のその他のオプションを表示] ボタンをクリックして表示される [スライドイン] ダイアログボックスの [タイミング] タブの [継続時間] ボックスを使うと、[20秒（非常に遅い）] から [0.5秒（さらに速く）] までの6段階で継続時間を指定することができます。

Step 5 アニメーション効果のオプションを変更します。

❶ [効果のオプション] ボタンをクリックします。

❷ [方向] の [左から] をクリックします。

❸ 箇条書きが4つのグループごとに左から表示されることを確認します。

⚠ 重要　[効果のオプション]ダイアログボックス
アニメーション効果を設定したオブジェクトを選択して、[アニメーション] グループの右下にある [効果のその他のオプションを表示] ボタンをクリックすると、そのアニメーション効果のオプションのダイアログボックスが表示されます（例：[スライドイン] ダイアログボックスなど）。
このダイアログボックスの各タブで、アニメーション効果のオプションを詳細に設定することができます。

第3章　アニメーションの活用　| 87

操作 👉 オブジェクトをグループ化してアニメーション効果を設定する

11枚目のスライドの角丸四角形のオブジェクトをグループ化してアニメーション効果を設定しましょう。

Step 1 左側の3つの角丸四角形を選択します。

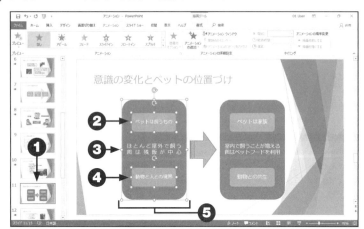

❶ サムネイルの11枚目のスライドをクリックします。

❷ 「ペットは飼うもの」の角丸四角形をクリックします。

❸ **Shift**キーを押したまま「ほとんど屋外で飼う～」の角丸四角形をクリックします。

❹ **Shift**キーを押したまま「動物と人との境界」の角丸四角形をクリックします。

❺ 3つの角丸四角形が選択されたことを確認します。

Step 2 選択した3つの角丸四角形をグループ化します。

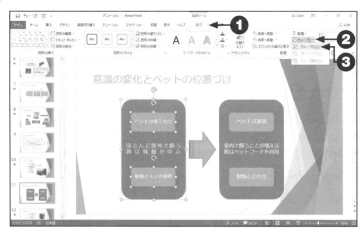

❶ [書式] タブをクリックします。

❷ [グループ化] ボタンをクリックします。

❸ [グループ化] をクリックします。

Step 3 3つの角丸四角形がグループ化されたことを確認します。

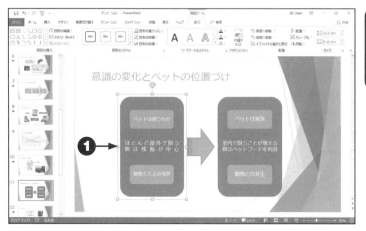

❶ それぞれの角丸四角形に表示されていた枠とハンドルが、一番大きい角丸四角形だけに表示されていることを確認します。

Step 4　同様にして右側の3つの角丸四角形をグループ化します。

Step 5　左側の角丸四角形を選択して、アニメーション効果の一覧を表示します。

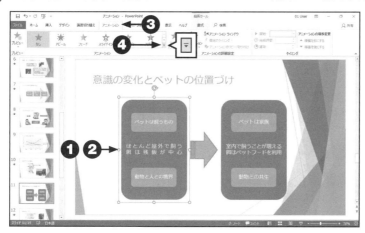

❶ 左側の角丸四角形をクリックします。

❷ 角丸四角形に枠線が表示されたことを確認します。

❸ [アニメーション] タブをクリックします。

❹ [アニメーション] グループの [その他] ボタンをクリックします。

Step 6　アニメーション効果を設定します。

❶ [開始] の [図形] をクリックします。

Step 7　アニメーション効果のオプションを変更します。

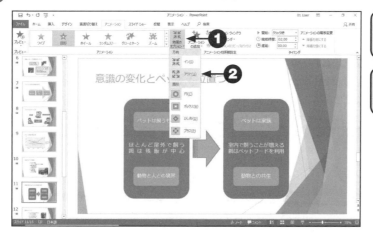

❶ [効果のオプション] ボタンをクリックします。

❷ [方向] の [アウト] をクリックします。

Step 8　[プレビュー] ボタンをクリックして、グループ化した角丸四角形が一緒に表示されることを確認します。

第3章　アニメーションの活用　89

操作 アニメーション効果をコピーする

アニメーション効果のコピー/貼り付けを使用して、左側の角丸四角形に設定したアニメーションを右側の角丸四角形にも設定しましょう。

Step 1 アニメーション効果をコピーします。

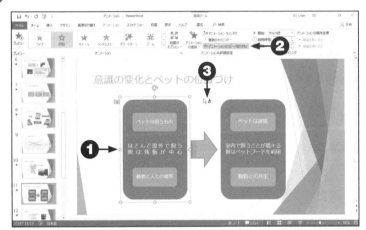

❶ 左側の角丸四角形をクリックします。

❷ [アニメーションのコピー/貼り付け]ボタンをクリックします。

❸ マウスポインターが になったことを確認します。

Step 2 アニメーション効果を貼り付けます。

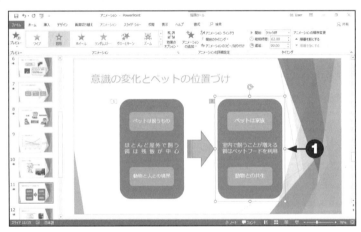

❶ 右側の角丸四角形をクリックします。

Step 3 [プレビュー] ボタンをクリックして、右側の角丸四角形にアニメーション効果がコピーされたことを確認します。

ヒント　アニメーション効果の連続貼り付け

[アニメーションのコピー/貼り付け] ボタンをダブルクリックすると、ボタンが選択された状態になり、複数のオブジェクトへ連続して同じアニメーション効果を貼り付けられるようになります。[アニメーションのコピー/貼り付け] ボタンをもう一度クリックすると、この状態は解除されます。

ヒント　アニメーション効果の番号タグ

アニメーション効果を設定すると、オブジェクトの左上にアニメーションの再生の順番を表す「番号タグ」が表示されます。例えば、1つのオブジェクトに3つのアニメーション効果を設定した場合は、設定した順番に1～3までの番号が表示されます。

番号タグをクリックすると、オレンジ色になり、この番号のアニメーション効果に対して設定などが行えます。番号タグは、[アニメーション] タブが選択されているか、[アニメーション] 作業ウィンドウが表示されているときに表示されます。

操作 ☞ アニメーション効果の順序を入れ替える

11枚目のスライドの矢印にアニメーション効果を設定し、2番目にアニメーション効果が実行されるように順序を変更しましょう。

Step 1 矢印を選択して、アニメーション効果を設定します。

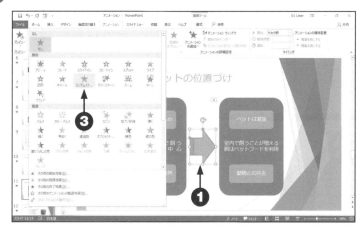

❶ 矢印をクリックします。

❷ [アニメーション] グループの [その他] ボタンをクリックします。

❸ [開始] の [ランダムストライプ] をクリックします。

Step 2 アニメーション効果のオプションを変更します。

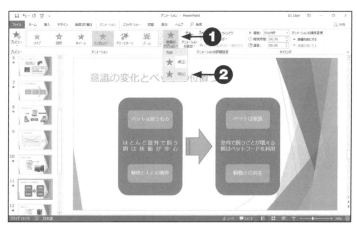

❶ [効果のオプション] ボタンをクリックします。

❷ [方向] の [縦] をクリックします。

Step 3 [プレビュー] ボタンをクリックして、矢印のアニメーション効果が最後 (3番目) に実行されることを確認します。

Step 4 矢印のアニメーション効果の再生順序を変更します。

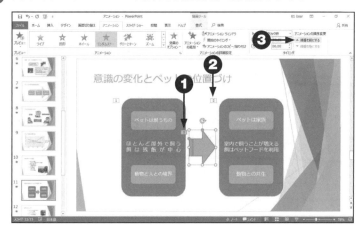

❶ 矢印の左上に [3] とオレンジ色で表示されていることを確認します。

❷ 右側の角丸四角形の左上に [2] と表示されていることを確認します。

❸ [順番を前にする] ボタンをクリックします。

Step 5 矢印のアニメーション効果の再生順序が変更されたことを確認します。

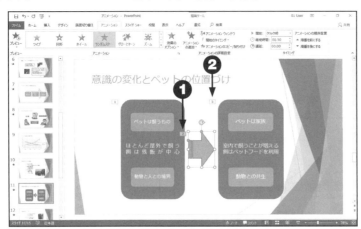

❶ 矢印の左上の表示が [3] から [2] に変更されたことを確認します。

❷ 右側の角丸四角形の左上の表示が [2] から [3] に変更されたことを確認します。

Step 6 [プレビュー] ボタンをクリックして、矢印のアニメーション効果が2番目に実行されることを確認します。

操作 ☛ SmartArtグラフィックにアニメーション効果を設定する

2枚目のスライドのSmartArtグラフィックにアニメーション効果を設定しましょう。

Step 1 SmartArtグラフィックを選択して、アニメーション効果を設定します。

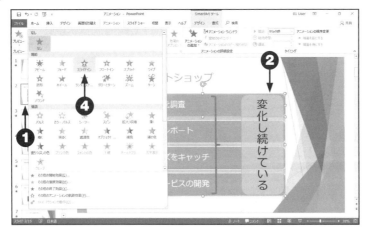

❶ サムネイルの2枚目のスライドをクリックします。

❷ SmartArtグラフィックをクリックして、枠線とハンドルが表示されたことを確認します。

❸ [アニメーション] グループの [その他] ボタンをクリックします。

❹ [開始] の [スライドイン] をクリックします。

Step 2 アニメーション効果のオプションを変更します。

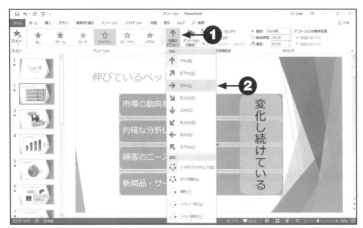

❶ [効果のオプション] ボタンをクリックします。

❷ [方向] の [左から] をクリックします。

92　効果を上げるアニメーションの活用

Step 3 [プレビュー] ボタンをクリックして、SmartArtグラフィックに設定したアニメーション効果が一度に実行されることを確認します。

Step 4 [スライドイン] ダイアログボックスを表示します。

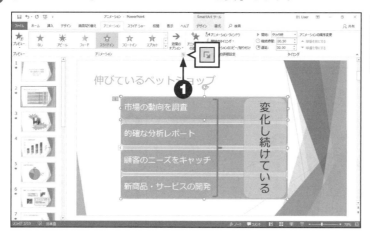

❶ [アニメーション] グループの [効果のその他のオプションを表示] ボタンをクリックします。

Step 5 グループグラフィックを表示するレベルを変更します。

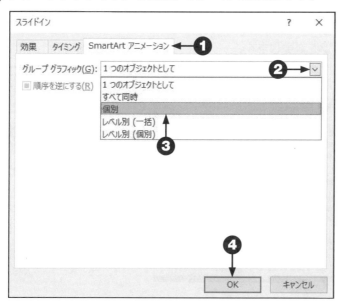

❶ [SmartArtアニメーション] タブをクリックします。

❷ [グループグラフィック] ボックスの▼をクリックします。

❸ [個別] をクリックします。

❹ [OK] をクリックします。

Step 6 1つ1つのグラフィックにアニメーション効果が設定されたことを確認します。

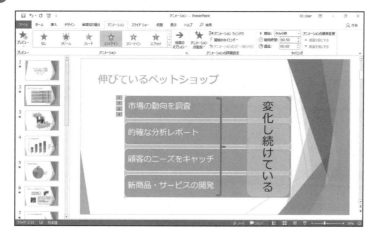

Step 7 [プレビュー] ボタンをクリックして、SmartArtの4つのグラフィックごとにアニメーション効果が実行されることを確認します。

操作 重ね効果を設定する

SmartArtグラフィックの右中かっこと縦書きの角丸四角形があとから順番に重なるようにアニメーション効果を設定しましょう。

Step 1 右中かっこを選択して、アニメーション効果を設定します。

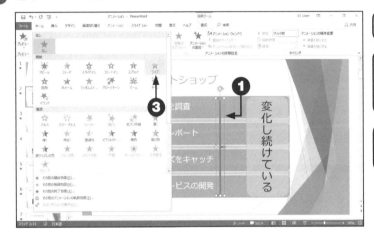

❶ 右中かっこをクリックします。

❷ [アニメーション] グループの [その他] ボタンをクリックします。

❸ [開始] の [ワイプ] をクリックします。

Step 2 アニメーション効果のオプションを変更します。

❶ [効果のオプション] ボタンをクリックします。

❷ [方向] の [左から] をクリックします。

Step 3 アニメーション効果のタイミングを変更します。

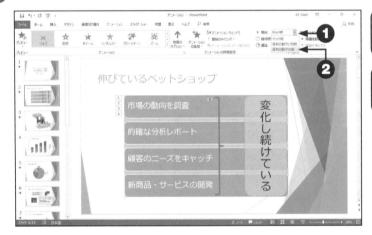

❶ [開始] ボックスの▼をクリックします。

❷ [直前の動作の後] をクリックします。

Step 4 縦書きの角丸四角形を選択して、アニメーション効果を設定します。

❶ 縦書きの角丸四角形をクリックします。

❷ [アニメーション] グループの [その他] ボタンをクリックします。

❸ [開始] の [フェード] をクリックします。

Step 5 アニメーション効果のタイミングを変更します。

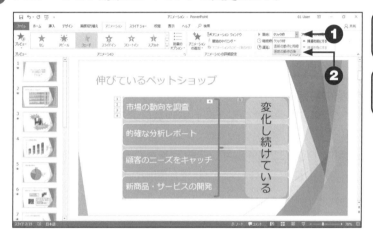

❶ [開始] ボックスの▼をクリックします。

❷ [直前の動作の後] をクリックします。

Step 6 右中かっこと縦書きの角丸四角形の変更したアニメーション効果のタイミングを確認します。

❶ 右中かっこの左上に [4] と表示されていることを確認します。

❷ 縦書きの角丸四角形の左上に [4] とオレンジ色で表示されていることを確認します。

Step 7 [プレビュー] ボタンをクリックして、右中かっこと縦書きの角丸四角形のアニメーション効果が直前の動作に連動して実行されることを確認します。

💡 ヒント　アニメーション効果の削除

削除したいアニメーション効果の番号タグをクリックして、[アニメーション] グループの [なし] をクリックします。

連続したアニメーションの作成

1つのオブジェクトに連続したアニメーション効果を設定すると、複雑な動きをするアニメーション効果などを表現できます。アニメーション効果は、[開始]、[強調]、[終了] などを組み合わせて設定できます。
一般的にビジネスシーンでは、アニメーション効果を過剰に設定するのはよいことではないと言われますが、効果の種類によっては聞き手に強い印象を与えることができるので、プレゼンテーション内でインパクトを与えたい部分に使用するようにします。

アニメーションに連続して追加できる効果には、[開始]、[強調]、[終了]、[アニメーションの軌跡]、[OLEアクションの動作] があります。
これらのアニメーション効果を複数追加して、複雑な動きを設定することができます。

■ 複数のアニメーション効果の設定
スライドの文字列や図形、グラフなどのオブジェクトに複数のアニメーション効果を設定することができます。
例えば、オブジェクトに [開始] のアニメーションの設定をしたあとに [軌跡] のアニメーションを追加すると、設定した順で次々にアニメーション効果が開始されます。

操作 図形に開始と軌跡のアニメーション効果を設定する

15枚目のスライドの星の図形に、クリックすると表示され、続いて右方向へ移動して画面外に消えていくアニメーション効果を設定しましょう。

Step 1 星の図形を選択して、アニメーションの一覧を表示します。

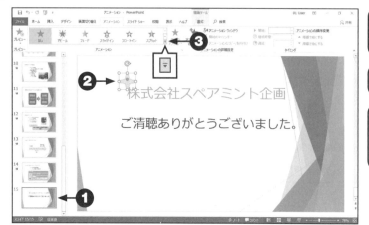

❶サムネイルの15枚目のスライドをクリックします。

❷星の図形をクリックします。

❸[アニメーション] グループの [その他] ボタンをクリックします。

Step 2 アニメーション効果を設定します。

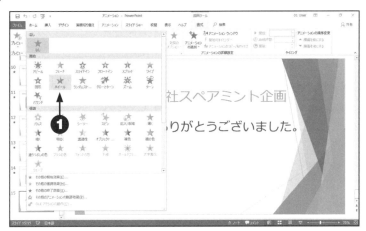

❶ [開始] の [ホイール] をクリックします。

Step 3 アニメーションのタイミングを確認します。

❶ [開始] ボックスに [クリック時] と表示されていることを確認します。

Step 4 星の図形にアニメーション効果を追加します。

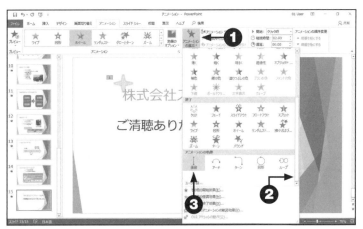

❶ [アニメーションの追加] ボタンをクリックします。

❷ [アニメーションの軌跡] が表示されるまで下方向にスクロールします。

❸ [アニメーションの軌跡] の [直線] をクリックします。

第 3 章　アニメーションの活用　97

Step 5 アニメーション効果のオプションを変更します。

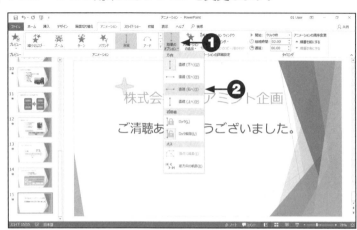

❶ [効果のオプション] ボタンをクリックします。

❷ [方向] の [直線（右へ）] をクリックします。

Step 6 アニメーション効果のタイミングを変更します。

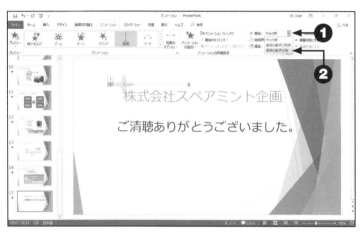

❶ [開始] ボックスの▼をクリックします。

❷ [直前の動作の後] をクリックします。

Step 7 設定したアニメーション効果の軌跡を確認します。

❶ 星の図形に設定されているアニメーションの軌跡の破線をクリックして、ハンドルが三角形から円に変更されたことを確認します。

❷ 右側の円のハンドルをポイントして、マウスポインターが になったことを確認します。

Step 8 アニメーション効果の軌跡を変更します。

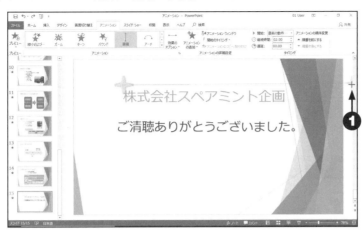

❶ 右側のハンドルを右方向へドラッグして、スライドの外側まで延長します。

Step 9 [プレビュー] ボタンをクリックして、星がホイールのアニメーションで表示され、右方向に移動して画面の外へ消えていくことを確認します。

操作 ☞ 文字列に開始と終了のアニメーション効果を設定する

15枚目のスライドの「株式会社スペアミント企画」に、星が表示された直後に星の動きに合わせて文字が表示され、自動的に消えていくアニメーション効果を設定しましょう。

Step 1 「株式会社スペアミント企画」にアニメーション効果を設定します。

❶「株式会社スペアミント企画」の文字列をクリックして、枠線が表示されたことを確認します。

❷ [アニメーション] グループの [その他] ボタンをクリックします。

❸ [開始] の [フェード] をクリックします。

Step 2 [フェード] ダイアログボックスを表示します。

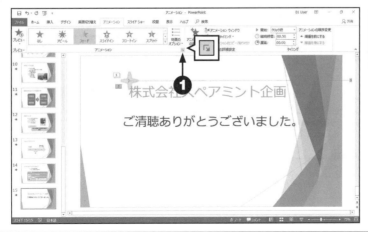

❶ [アニメーション] グループの [効果のその他のオプションを表示] ボタンをクリックします。

第 3 章 アニメーションの活用 | 99

Step 3 アニメーション効果を変更します。

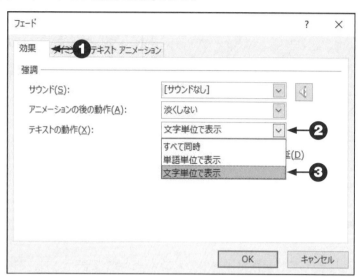

❶ [効果] タブが選択されていることを確認します。

❷ [テキストの動作] ボックスの▼をクリックします。

❸ [文字単位で表示] をクリックします。

Step 4 アニメーション効果のタイミングを変更します。

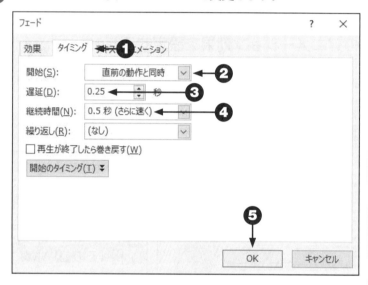

❶ [タイミング] タブをクリックします。

❷ [開始] ボックスの▼をクリックし、[直前の動作と同時] をクリックします。

❸ [遅延] ボックスに「0.25」と入力します。

❹ [継続時間] ボックスに [0.5秒 (さらに速く)] と表示されていることを確認します。

❺ [OK] をクリックします。

Step 5 [終了効果の追加] ダイアログボックスを表示します。

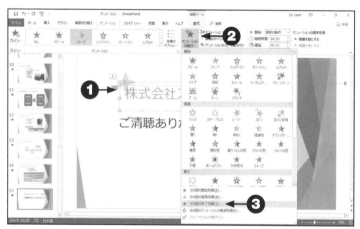

❶ 「株式会社スペアミント企画」の文字列をクリックして、枠線が表示されたことを確認します。

❷ [アニメーションの追加] ボタンをクリックします。

❸ [その他の終了効果] をクリックします。

Step 6 終了のアニメーション効果を追加します。

❶ [基本] の [ディゾルブアウト] をクリックします。

❷ [OK] をクリックします。

Step 7 アニメーション効果のタイミングを変更します。

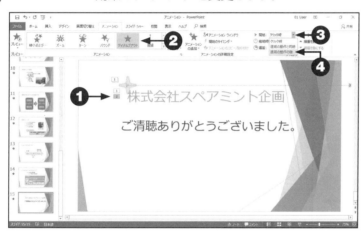

❶ 「株式会社スペアミント企画」の左側に [2] とオレンジ色で表示されていることを確認します。

❷ [アニメーション] グループで [ディゾルブアウト] が選択されていることを確認します。

❸ [開始] ボックスの▼をクリックします。

❹ [直前の動作の後] をクリックします。

Step 8 変更したアニメーション効果のタイミングを確認します。

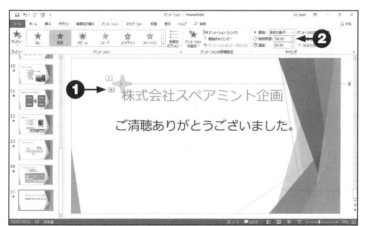

❶ 「株式会社スペアミント企画」の左側に表示されている数字が [1] になったことを確認します。

❷ [継続時間] ボックスに [00.50] と表示されていることを確認します。

Step 9 [プレビュー] ボタンをクリックして、星に設定された軌跡のアニメーションの動きに合わせて「株式会社スペアミント企画」が表示され、その後消えていくことを確認します。

第 3 章　アニメーションの活用

操作 ☞ 文字列に開始と強調と終了のアニメーション効果を設定する

15枚目のスライドの「ご清聴ありがとうございました。」が前の動作に続いて、画面の上から1文字ずつ表示され、その後文字の色を薄い青に変更するアニメーション効果を設定しましょう。

Step 1 「ご清聴ありがとうございました。」を選択して、[開始効果の変更] ダイアログボックスを表示します。

❶ 「ご清聴ありがとうございました。」の文字列をクリックして、枠線が表示されたことを確認します。

❷ [アニメーション] グループの [その他] ボタンをクリックします。

❸ [その他の開始効果] をクリックします。

Step 2 アニメーション効果を設定します。

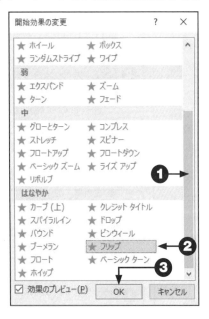

❶ [はなやか] が表示されるまで下方向にスクロールします。

❷ [フリップ] をクリックします。

❸ [OK] をクリックします。

Step 3 アニメーション効果のタイミングを変更します。

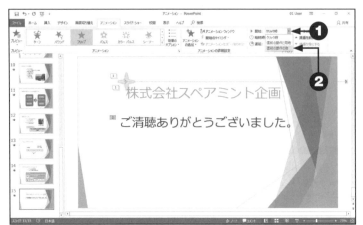

❶ [開始] ボックスの▼をクリックします。

❷ [直前の動作の後] をクリックします。

102　連続したアニメーションの作成

Step 4 アニメーション効果の速さを変更します。

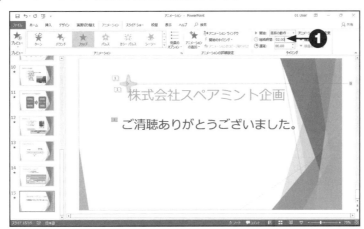

❶ [継続時間] ボックスに「02.00」と入力します。

Step 5 [プレビュー] ボタンをクリックして、「ご清聴ありがとうございました。」の文字が画面の上から1文字ずつ表示されることを確認します。

Step 6 強調のアニメーション効果を追加します。

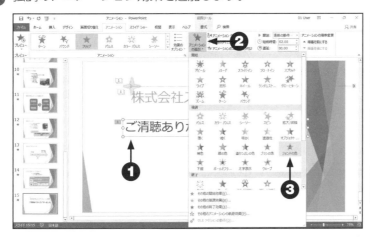

❶「ご清聴ありがとうございました。」の文字列をクリックして、枠線が表示されたことを確認します。

❷ [アニメーションの追加] ボタンをクリックします。

❸ [強調] の [フォントの色] をクリックします。

Step 7 強調のアニメーション効果を設定するオブジェクトが選択されていることを確認します。

❶「ご清聴ありがとうございました。」の左側に [2] とオレンジ色で表示されていることを確認します。

第3章 アニメーションの活用 103

Step 8 アニメーション効果のオプションを変更します。

❶ [効果のオプション] ボタンをクリックします。

❷ [標準の色] の右から4番目の [薄い青] をクリックします。

Step 9 アニメーション効果のタイミングを変更します。

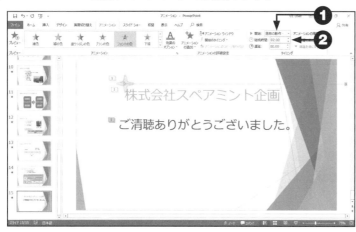

❶ [開始] ボックスの▼をクリックして、[直前の動作の後] をクリックします。

❷ [継続時間] ボックスに「02.00」と表示されていることを確認します。

Step 10 [プレビュー] ボタンをクリックして、「ご清聴ありがとうございました。」の文字が画面の上から1文字ずつ表示されたあとで、文字の色が薄い青に変更されることを確認します。

Step 11 終了のアニメーションを追加します。

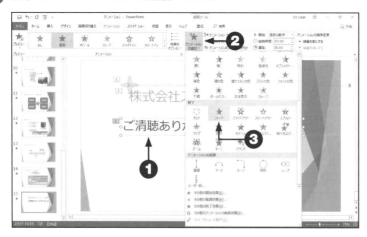

❶ 「ご清聴ありがとうございました。」の文字列をクリックして、枠線が表示されたことを確認します。

❷ [アニメーションの追加] ボタンをクリックします。

❸ [終了] の [フェード] をクリックします。

Step 12 [プレビュー] ボタンをクリックして、「ご清聴ありがとうございました。」の文字が画面の上から1文字ずつ表示され、自動的に色が薄い青に変更されたあとで消えていくことを確認します。

操作☞ 複数のアニメーション効果から1つだけ削除する

15枚目のスライドの「ご清聴ありがとうございました。」に設定されているアニメーション効果のうち、終了効果の[フェード]だけを削除してみましょう。

Step 1 「ご清聴ありがとうございました。」に設定されている[フェード]のアニメーション効果だけを選択します。

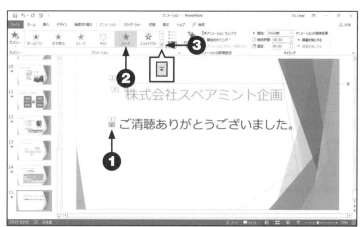

❶「ご清聴ありがとうございました。」の左側に表示されている数字の[2]をクリックします。

❷[アニメーション]グループで[フェード]が選択されていることを確認します。

❸[アニメーション]グループの[その他]ボタンをクリックします。

Step 2 フェードのアニメーション効果を削除します。

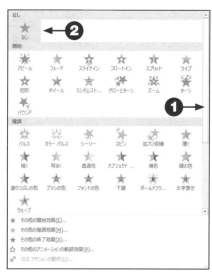

❶[なし]が表示されるまで上方向にスクロールします。

❷[なし]の[なし]をクリックします。

Step 3 [プレビュー]ボタンをクリックして、「ご清聴ありがとうございました。」の文字が画面の上から1文字ずつ表示され、自動的に色が薄い青に変わり、文字列が表示されたままになっていることを確認します。

Step 4 [保存用]フォルダーに、ファイル「アニメーション」を保存します。

Step 5 [ファイル]タブをクリックして、[閉じる]をクリックします。

ヒント　ズーム機能

PowerPoint 2019ではスライドショーを進めるための役立つ機能として、ズーム機能があります。あらかじめ表示したいスライドを指定しておくと、スライドの中にサムネイルを作成します。プレゼンテーション実行時にスライドまたはサムネイルをクリックすると、だんだんズームしながら指定したスライドに移動するので、インパクトのあるプレゼンテーションを作成することができます。ズーム機能には、以下の3種類があります。

・サマリーズーム

新しいスライドが作成され、このスライドの中に選択したスライドがサムネイルの一覧として作成されます。このときプレゼンテーションの中では、選択したスライドを先頭にセクション（スライドのまとまり）が作成されます。すべてのスライドを表示したあと、サムネイルの一覧に戻ります。

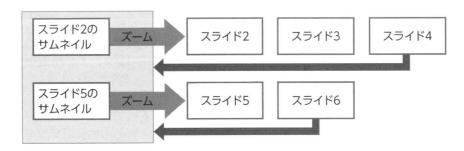

・セクションズーム

既存のスライドに、セクションに移動するためのサムネイルを作成します。サムネイルをクリックすると、指定したセクションのスライドにズームしながら移動します。すべてのスライドを表示したあと、サムネイルを作成したスライドに戻ります。あらかじめセクションを作成しておく必要があります。複数のセクションを指定してサムネイルを作成できますが、その場合はサムネイルが重なって作成されるので適宜位置や大きさを変更します。

・スライドズーム

既存のスライドに、指定したスライドに移動するためのサムネイルを作成します。サムネイルの大きさや位置は編集することができます。サムネイルをクリックすると、ズームしながら指定のスライドに移動します。複数のスライドを指定すると、サムネイルが重なって作成されるので、それぞれのサムネイルを見やすい位置に移動したり大きさを変更します。

ズーム機能は［挿入］タブの［ズーム］ボタンをクリックして、一覧からズーム機能を選択します。［セクションズーム］または［スライドズーム］を選択すると、現在選択されているスライドにサムネイルが作成されます。

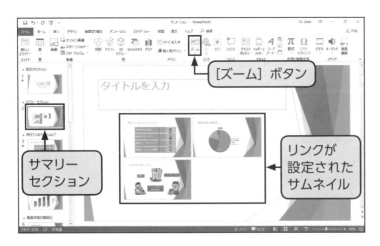

スライドショー実行時に、サムネイル以外のスライド部分をクリックすると、挿入したサムネイルのスライドの順にズームしながら移動します。
　サムネイルをクリックすると、挿入した順に関係なくズーム表示しながら、クリックしたスライドに移動します。

この章の確認

- ☐ レベルがある箇条書きをグループごとに表示するアニメーション効果を設定することができますか？
- ☐ グループ化したオブジェクトにアニメーション効果を設定することができますか？
- ☐ SmartArtグラフィックに個別のアニメーション効果を設定することができますか？
- ☐ 終了のアニメーション効果を設定することができますか？
- ☐ 1つのオブジェクトに複数のアニメーション効果を設定することができますか？

復習問題 問題 3-1

ICカードの導入を提案するためのプレゼンテーションにアニメーション効果を設定しましょう。

1. ファイル「復習3-1　ICカードのご提案」を開きましょう。

2. 2枚目のスライドの角丸四角形「磁気カード」と、角丸四角形「・記憶容量　72文字」をグループ化しましょう。同様にして、右側にある2つの角丸四角形をグループ化しましょう。

3. 2枚目のスライドのアニメーション効果の順序を、グループ化した左側の角丸四角形、矢印、グループ化した右側の角丸四角形として、次の表を参考にそれぞれのオブジェクトにアニメーション効果を設定しましょう。

開始の効果（基本）	開始	方向	継続時間
ボックス	クリック時	アウト	00.50

4. 次の表を参考に、1枚目のスライドのタイトル領域の文字列に連続したアニメーション効果を設定しましょう。

開始の効果（はなやか）	開始	継続時間
ピンウィール	直前の動作の後	02.00

強調の効果（基本）	開始	フォントの色	継続時間
フォントの色	直前の動作の後	［標準の色］の［オレンジ］	02.00

5. 次の表を参考に、6枚目のスライドのSmartArtグラフィックにアニメーション効果を設定しましょう。

開始の効果（基本）	開始	方向	継続時間	グループグラフィック
スライドイン	クリック時	左から	00.50	個別

6. スライドショーを実行して動作を確認しましょう。

7. ［保存用］フォルダーに、「復習3-1　ICカードのご提案（完成）」という名前で保存しましょう。

完成例

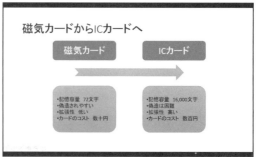
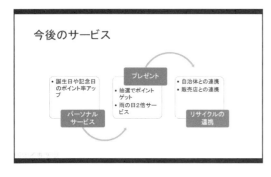

プレゼンテーションの有効活用

■ 校閲機能の利用
■ セクションの利用
■ スライドの非表示
■ 目的別スライドショーの作成
■ 発表者ツールの利用

校閲機能の利用

複数のメンバーで分担してプレゼンテーションを作成するような場合には、相互の意見交換や修正箇所などを共有することが重要です。
ここでは、スライドにコメントを挿入する方法や、2つのプレゼンテーションを比較して変更箇所を表示させたり、変更を反映させたりする方法などの校閲機能について説明します。

コメントの挿入

「コメント」は、スライドにメモを貼り付けるような機能です。スライドにコメントを挿入することによって、プレゼンテーションをチェックしたメンバーから意見をもらったり、備忘録として使ったりすることができます。

コメントはスライド上にアイコンで表示されます。アイコンはドラッグして移動することができるので、何についてコメントがされているのかがわかりやすい位置に移動しておきます。アイコンは非表示にすることもできます。

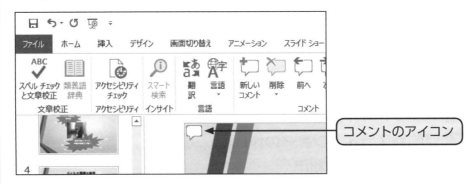

コメントは［コメント］作業ウィンドウで挿入します。コメントを編集したり次のスライドや前のスライドに挿入したコメントを表示することができます。

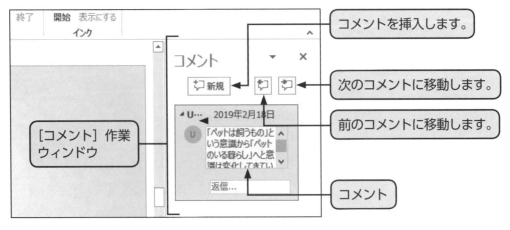

操作 コメントを挿入する

4枚目のスライドにコメントを挿入しましょう。

Step 1 [PowerPoint2019応用] フォルダーのファイル「ペットショップ経営強化戦略(詳細)」を開きます。

Step 2 スライドにコメントを追加します。

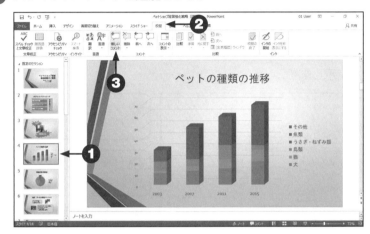

❶ サムネイルの4枚目のスライドをクリックします。

❷ [校閲] タブをクリックします。

❸ [新しいコメント] ボタンをクリックします。

Step 3 コメントを入力します。

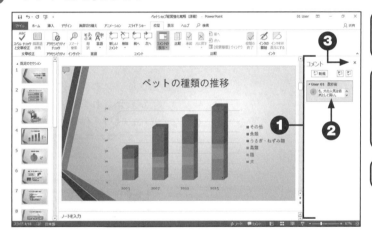

❶ [コメント] 作業ウィンドウが表示されたことを確認します。

❷ ボックスに「ペットを飼う人は増加傾向にある。中でも、犬の人気は依然として高い。」と入力します。

❸ 閉じるボタンをクリックします。

Step 4 挿入されたコメントを確認します。

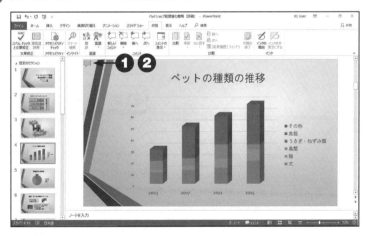

❶ コメントのアイコンが表示されたことを確認します。

❷ コメントのアイコンをクリックして、[コメント] 作業ウィンドウに入力したコメントが表示されることを確認します。

第4章　プレゼンテーションの有効活用　111

💡 ヒント　コメントの追加

すでにコメントが挿入されているスライドにコメントを追加する場合は、[コメント]作業ウィンドウの[新規][新規]をクリックします。新しいボックスが表示されるのでコメントを入力します。ボックスの上にはコメントを書き込んだユーザーの名前が表示されます。

操作 👉 コメントを編集する

8枚目のスライドに挿入されているコメントを編集しましょう。

Step 1 [コメント]作業ウィンドウを表示します。

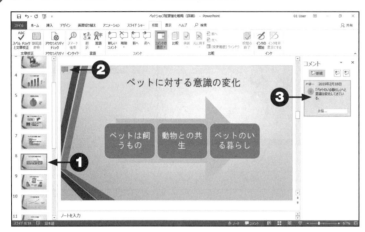

❶ サムネイルの8枚目のスライドをクリックします。

❷ コメントのアイコンをクリックします。

❸ [コメント]作業ウィンドウにコメントが表示されたことを確認します。

💡 ヒント　[コメント]作業ウィンドウの表示/非表示

[校閲]タブの[コメントの表示]ボタンをクリックすると[コメント]作業ウィンドウが表示されます。もう一度クリックすると[コメント]作業ウィンドウが閉じます。

Step 2 コメントを編集します。

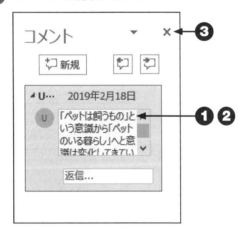

❶「「ペットのいる暮らし」へと〜」というコメント文をクリックし、コメント文が選択された状態で文頭をクリックします。

❷ コメントの文頭に「「ペットは飼うもの」という意識から」と入力します。

❸ 閉じるボタンをクリックします。

💡 ヒント　コメントの削除

スライドにコメントが1つしかない場合は、コメントのアイコンを選択して**Delete**キーを押して削除するか、[コメント]作業ウィンドウのコメントをポイントすると表示される✕をクリックします。複数のコメントを一度に削除する場合は、[校閲]タブの[削除]ボタンの▼をクリックして、[スライド上のすべてのコメントを削除]または[このプレゼンテーションからすべてのコメントを削除]のいずれかをクリックします。

プレゼンテーションの比較

あるプレゼンテーションに対して変更を加えた別のプレゼンテーションがある場合、2つを比較して変更点があるかどうかを調べ、変更内容を反映させることができます。複数のメンバーでプレゼンテーションを編集している場合や、その他のメンバーに修正を依頼した場合に、どこが変更されたかをひと目で確認することができます。

例えば、次のようなスライドが含まれた2つのプレゼンテーションを比較すると、「プレゼンテーションA」の項目よりも「プレゼンテーションB」の項目が多いことがわかります。PowerPointの比較機能を使用すると、このような違いはもちろん、入力した文字列や図形の色など変更されたすべての部分をひと目で確認することができます。

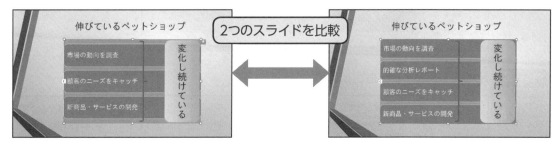

比較したプレゼンテーション内に変更があると、[変更履歴]作業ウィンドウに表示されます。[変更履歴]作業ウィンドウには、スライドのデザインを確認できる[スライド]タブと、詳細な変更部分が確認できる[詳細]タブがあります。

[スライド]タブ

スライドのデザインの変更などを確認する場合に便利です。

[詳細]タブ

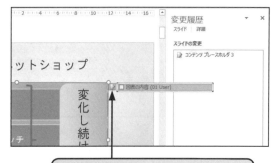

このアイコンをクリックすると、詳細な変更内容が表示されます。

複数の変更内容がある場合、[校閲]タブの[比較]グループの[次へ]ボタンをクリックすると、次の変更内容が表示されます。変更内容を反映する場合は、[校閲]タブの[承諾]ボタンをクリックします。

操作 プレゼンテーションを比較する

現在開いているプレゼンテーションとファイル「ペットショップ経営強化戦略（詳細）変更あり」を比較して、変更されている内容を開いているプレゼンテーションに反映させましょう。

Step 1 [現在のプレゼンテーションと比較するファイルの選択] ダイアログボックスを表示します。

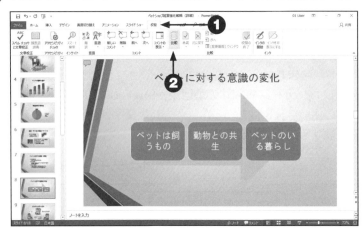

❶ [校閲] タブが選択されていることを確認します。

❷ [比較] ボタンをクリックします。

Step 2 比較するファイルを指定します。

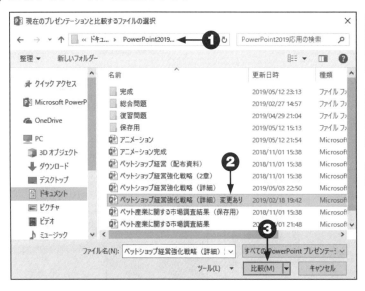

❶ [PowerPoint2019応用] フォルダーが開いていることを確認します。

❷ ファイル「ペットショップ経営強化戦略（詳細）変更あり」をクリックします。

❸ [比較] をクリックします。

Step 3 比較結果が [変更履歴] 作業ウィンドウに表示されたことを確認します。

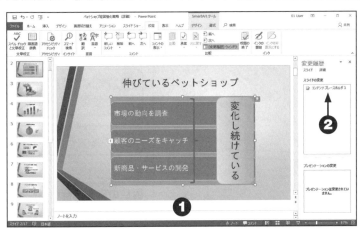

❶ 変更のあった2枚目のスライドが表示されます。

❷ [変更履歴] 作業ウィンドウの [詳細] タブにスライド内で変更されたオブジェクトが表示されます。

💡 **ヒント**
[変更履歴] 作業ウィンドウを閉じる
[校閲] タブの [[変更履歴] ウィンドウ] ボタンをクリックします。再度表示する場合は、もう一度 [[変更履歴] ウィンドウ] ボタンをクリックします。

Step 4 変更内容を開いているプレゼンテーションに反映させます。

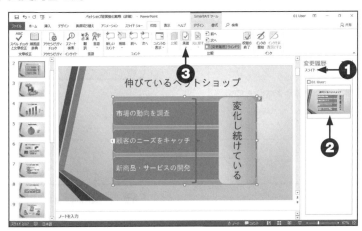

❶ [変更履歴] 作業ウィンドウの [スライド] タブをクリックします。

❷ スライドのデザインが表示されるので内容を確認します。

❸ [承諾] ボタンをクリックします。

Step 5 変更内容が現在のスライドに反映されたことを確認します。

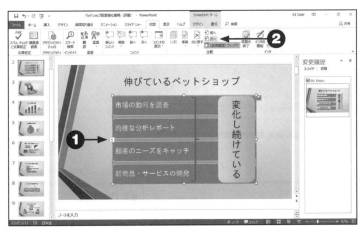

❶ 変更内容が反映されたことを確認します。

❷ [比較] グループの [次へ] ボタンをクリックします。

💡 **ヒント**
変更内容を元に戻す
承諾した変更を取り消して、元のスライドの状態に戻したいときは、[校閲] タブの [元に戻す] ボタンをクリックします。

第4章 プレゼンテーションの有効活用

Step 6 3枚目のスライドの変更内容を開いているプレゼンテーションに反映させます。

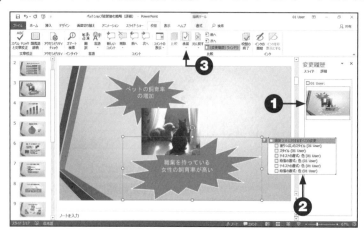

❶ 変更内容があるスライドが表示されたことを確認します。

❷ 詳細な変更内容が表示されるので確認します。

❸ [承諾] ボタンをクリックします。

💡 ヒント
複数の変更内容の反映
複数の変更内容を一度に反映させるには、[承諾] ボタンの▼をクリックして、[このスライドのすべての変更を反映] をクリックします。

Step 7 同様の操作で、6枚目のスライドの変更内容を開いているプレゼンテーションに反映させます。

Step 8 比較が終了するとメッセージが表示されます。

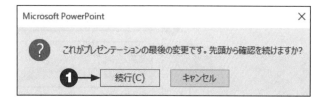

❶ [続行] をクリックします。

Step 9 比較を終了して、変更の反映を確定します。

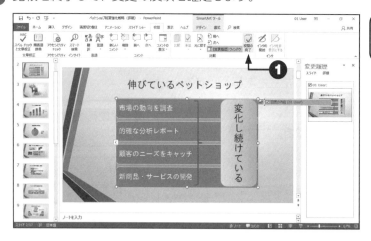

❶ [校閲の終了] ボタンをクリックします。

Step 10 比較した結果の反映が終了するとメッセージが表示されます。

❶ [はい] をクリックします。

セクションの利用

既定ではプレゼンテーションは1つの「セクション」で構成されています。
セクションとは、複数の連続したスライドをまとめる単位のことで、セクションを追加することによって、スライド単位でしか行えなかった書式の設定や移動などを、セクション単位で行うことができるようになります。

複数の関連するスライドをセクションとしてまとめると、スライドごとに操作を行うのではなく、セクション単位で効率的に管理ができるようになります。
セクションには見出しを設定することができます。

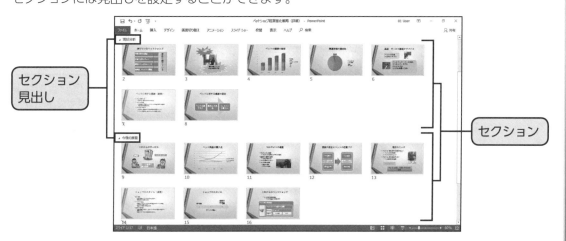

スライドはセクションごとに折りたたむことができます。折りたたむとセクション見出しが表示され、まとめてセクション単位で移動したり、削除したりできます。セクション見出しをクリックすると、展開できます。

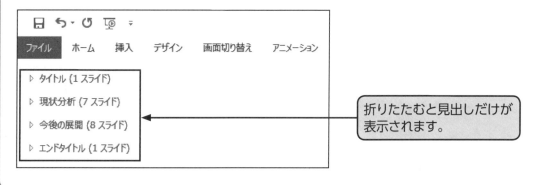

第4章　プレゼンテーションの有効活用　117

操作 セクションを追加する

ファイル「ペットショップ経営強化戦略（詳細）」にセクションを追加しましょう。

Step 1 17枚目のスライド以降にセクションを追加します。

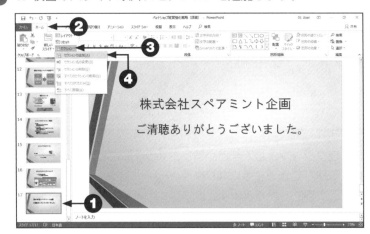

❶ サムネイルの17枚目のスライドをクリックします。

❷ ［ホーム］タブをクリックします。

❸ ［セクション］ボタンをクリックします。

❹ ［セクションの追加］をクリックします。

Step 2 ［セクション名の変更］ダイアログボックスでセクション名を変更します。

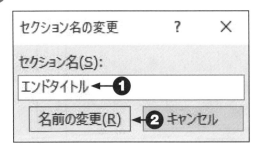

❶ ［セクション名］ボックスに「エンドタイトル」と入力します。

❷ ［名前の変更］をクリックします。

💡 ヒント
［セクション名の変更］ダイアログボックスの表示
セクション名を右クリックし、ショートカットメニューの［セクション名の変更］をクリックしても、［セクション名の変更］ダイアログボックスを表示することができます。

Step 3 セクション名が変更されたことを確認します。

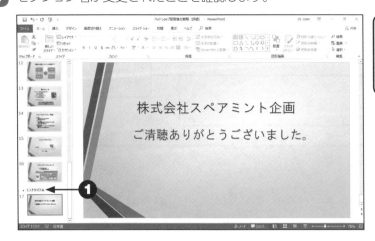

❶ 17枚目のスライド以降が「エンドタイトル」という名前のセクションに変更されたことを確認します。

Step 4 同様にして、2枚目のスライド以降を「現状分析」という名前のセクションに変更します。

Step 5 スライド一覧表示に切り替えます。

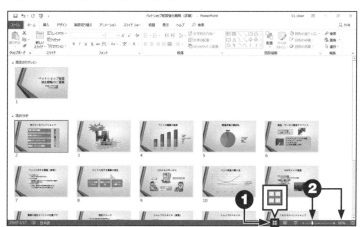

❶ ステータスバーの［スライド一覧］ボタンをクリックします。

❷ ズームスライダーを左にドラッグして、画面表示を「60％」にします。

Step 6 1枚目のスライドのセクション名を変更します。

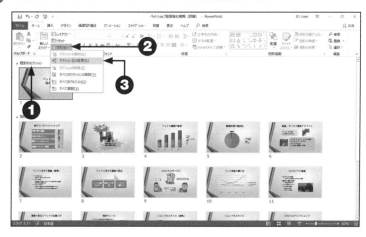

❶ サムネイルの1枚目のスライドの上に表示されている［既定のセクション］をクリックします。

❷ ［セクション］ボタンをクリックします。

❸ ［セクション名の変更］をクリックします。

❹ ［セクション名の変更］ダイアログボックスの［セクション名］ボックスに「タイトル」と入力して、［名前の変更］をクリックします。

Step 7 9枚目のスライド以降にセクションを追加します。

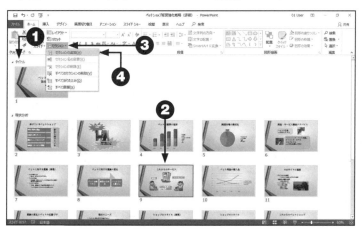

❶ 1枚目のスライドが「タイトル」という名前のセクションに変更されたことを確認します。

❷ 9枚目のスライドをクリックします。

❸ ［セクション］ボタンをクリックします。

❹ ［セクションの追加］をクリックします。

❺ ［セクション名の変更］ダイアログボックスの［セクション名］ボックスに「今後の展開」と入力して、［名前の変更］をクリックします。

第4章　プレゼンテーションの有効活用　119

Step 8 9枚目のスライドからセクション「エンドタイトル」までに「今後の展開」という名前のセクションが追加されたことを確認します。

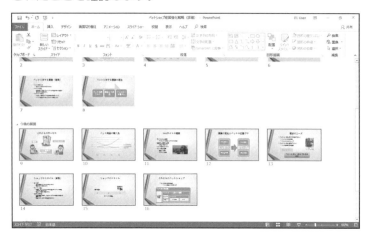

操作 👉 セクションを折りたたんだり、展開する

セクションごとにスライド表示の折りたたみと展開の操作を確認しましょう。

Step 1 セクション「今後の展開」を折りたたみます。

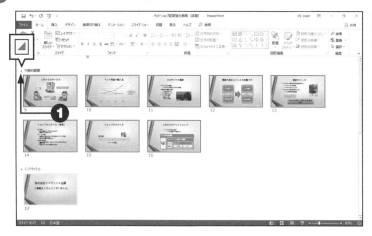

❶「今後の展開」のセクション名の左側にある▲をクリックします。

Step 2 セクション「今後の展開」が折りたたまれたことを確認します。

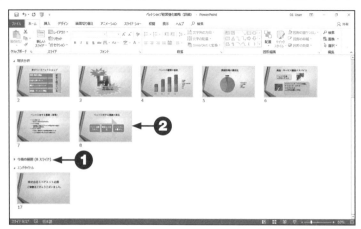

❶「今後の展開」のセクション名の左側にある▲が▶に変わり、文字が赤色で表示されます。

❷「今後の展開」のセクション以外のスライドをクリックして、セクションの選択を解除します。

Step 3 標準表示に切り替えます。

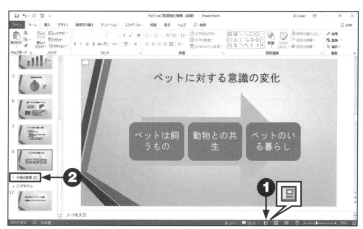

❶ ステータスバーの［標準］ボタンをクリックします。

❷ 標準表示に切り替えても、セクション「今後の展開」が折りたたまれていることを確認します。

Step 4 セクション「今後の展開」を展開します。

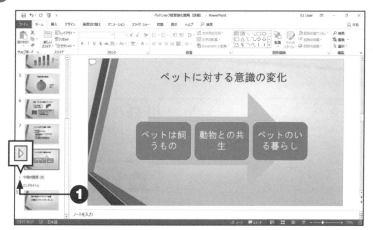

❶「今後の展開」のセクション名の左側にある▷をクリックします。

Step 5 セクション「今後の展開」が展開されたことを確認します。

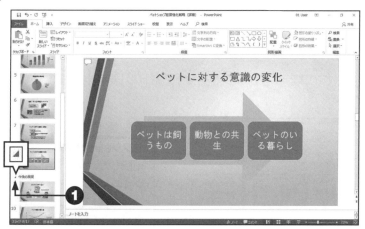

❶「今後の展開」のセクション名の左側にある▷が◢に変わります。

第4章　プレゼンテーションの有効活用　121

操作 セクション単位で移動する

セクション単位でスライドの位置を移動しましょう。

Step 1 スライド一覧表示に切り替えて、セクション「現状分析」を選択します。

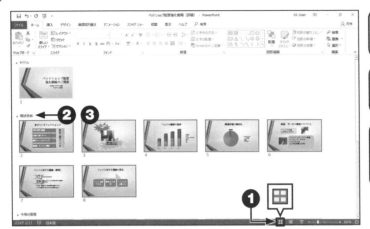

❶ ステータスバーの[スライド一覧]ボタンをクリックします。

❷「現状分析」のセクション名をクリックします。

❸ セクション名が赤色になり、セクション内のすべてのスライドが選択されたことを確認します。

Step 2 セクション「現状分析」を移動します。

❶「現状分析」のセクション名を「タイトル」の上にドラッグします。

💡 **ヒント**
移動中のセクション
セクションをドラッグして移動しているときには、すべてのセクションが折りたたまれて表示されます。

Step 3 セクション「現状分析」のすべてのスライドがセクション「タイトル」の前に移動し、スライド番号も変更されたことを確認します。

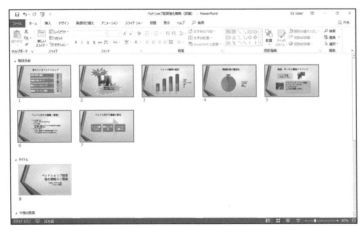

❗ **重要**
セクションの削除
削除したいセクションをクリックし、[セクション]ボタンをクリックして、[セクションの削除]をクリックします。[すべてのセクションの削除]をクリックすると、追加したすべてのセクションが削除されます。

Step 4 セクション「現状分析」をセクション「タイトル」のあとにドラッグして移動します。

スライドの非表示

プレゼンテーションの一部のスライドをスライドショーで表示されないように設定することができます。
例えば、質疑応答用資料のスライドを非表示スライドにしておき、該当する質問を受けた場合にだけ非表示スライドを見せながら対応するということができます。また、具体的な価格表を非表示スライドに設定しておき、商談が進んだら非表示スライドを見せるという使い方もできます。

操作 スライドを非表示にする

7枚目と14枚目のスライドを非表示スライドに設定しましょう。

Step 1 非表示スライドにするスライドを選択します。

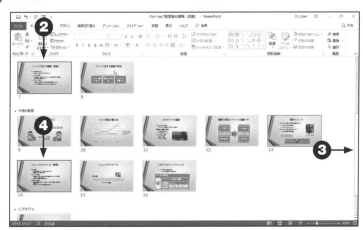

❶ スライド一覧表示になっていることを確認します。

❷ 7枚目のスライドをクリックします。

❸ 14枚目のスライドが表示されるまで下方向にスクロールします。

❹ Ctrlキーを押しながら14枚目のスライドをクリックします。

Step 2 非表示スライドに設定します。

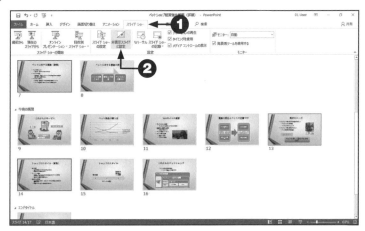

❶ [スライドショー] タブをクリックします。

❷ [非表示スライドに設定] ボタンをクリックします。

💡 ヒント
スライドの非表示
スライドを右クリックして、ショートカットメニューの [非表示スライドに設定] をクリックしても、スライドを非表示にできます。

第4章 プレゼンテーションの有効活用

Step 3 非表示スライドに設定されたことを確認します。

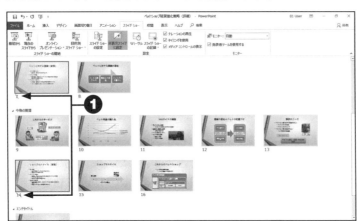

❶ 7枚目と14枚目のスライド番号に斜線が引かれていることを確認します。

💡 **ヒント**
スライドの非表示の解除
非表示の設定を解除したいスライドを選択して、[非表示スライドに設定] ボタンをクリックします。

Step 4 [スライドショー] タブの [最初から] ボタンをクリックして、スライドショーで7枚目と14枚目のスライドが表示されないことを確認します。

Step 5 [スライドショーの最後です。クリックすると終了します。] と表示されたら、画面をクリックしてスライドショーを終了します。

⚠ **重要** **スライドショーの実行中での非表示スライドの表示**
スライドショーの実行中に右クリックして、ショートカットメニューの [すべてのスライドを表示] をクリックすると、発表者ツールのスライド一覧に切り替わるので、表示したいスライドをクリックします。

目的別スライドショーの作成

「目的別スライドショー」とは、1つのプレゼンテーションから目的に合わせて必要なスライドを選択し、再構成したスライドショーのことです。聞き手や時間に応じて見せるスライドを絞ったり、見せるスライドの順番を変更したりすることができます。

プレゼンテーションの目的や聞き手に合わせてプレゼンテーションの構成を変更する場合に、別のプレゼンテーションファイルとして保存することなく、1つのプレゼンテーション内に目的別スライドショーを作成して使い分けることができます。

既存のプレゼンテーション

| スライド1 | スライド2 | スライド3 | スライド4 | スライド5 | スライド6 |

目的別スライドショーの例

パターンA

| スライド1 | スライド4 | スライド5 |

パターンB

| スライド1 | スライド5 | スライド6 | スライド2 | スライド3 |

目的に応じて表示するスライドを選択する [目的別スライドショーの定義] ダイアログボックスでは、該当するスライドのチェックボックスをオンにして追加するだけで、目的別スライドショーを作成できます。

第4章 プレゼンテーションの有効活用 **125**

操作　目的別スライドショーを作成する

ファイル「ペットショップ経営強化戦略（詳細）」で、概要の説明だけをまとめた目的別スライドショーを作成しましょう。

Step 1 [目的別スライドショー] ダイアログボックスを表示します。

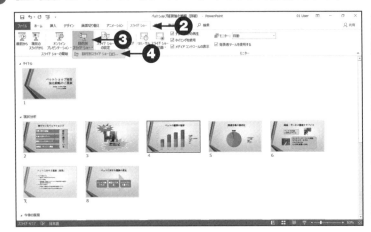

❶ スライド一覧表示になっていることを確認します。

❷ [スライドショー] タブが選択されていることを確認します。

❸ [目的別スライドショー] ボタンをクリックします。

❹ [目的別スライドショー] をクリックします。

Step 2 [目的別スライドショーの定義] ダイアログボックスを表示します。

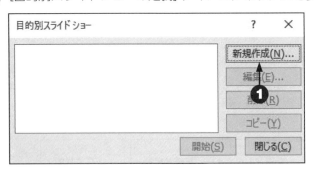

❶ [新規作成] をクリックします。

Step 3 目的別スライドショーの名前を付けます。

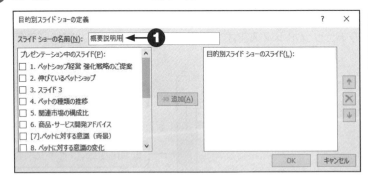

❶ [スライドショーの名前] ボックスに「概要説明用」と入力します。

Step 4 目的別スライドショーに表示するスライドを選択します。

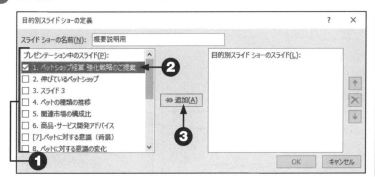

❶ プレゼンテーションに含まれるスライドが左側のボックスに一覧表示されたことを確認します。

❷ [プレゼンテーション中のスライド] ボックスの [1.ペットショップ経営 強化戦略のご提案] チェックボックスをオンにします。

❸ [追加] をクリックします。

ヒント
非表示スライドの番号
非表示スライドは、スライドの番号に [　] が付いて表示されます。

Step 5 選択したスライドが [目的別スライドショーのスライド] ボックスに表示されていることを確認します。

❶ [目的別スライドショーのスライド] ボックスに [1. ペットショップ経営 強化戦略のご提案] が追加されたことを確認します。

Step 6 2枚のスライドを目的別スライドショーに追加します。

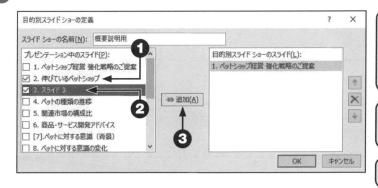

❶ [プレゼンテーション中のスライド] ボックスの [2.伸びているペットショップ] チェックボックスをオンにします。

❷ [3.スライド3] チェックボックスをオンにします。

❸ [追加] をクリックします。

第４章　プレゼンテーションの有効活用　**127**

Step 7 同様に、次のスライドを [目的別スライドショーのスライド] ボックスに追加します。
[8.ペットに対する意識の変化]
[12.意識の変化とペットの位置づけ]
[13.現状のニーズ]
[16.これからのペットショップ]
[17.株式会社スペアミント企画]

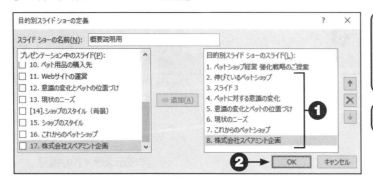

❶ 選択した7枚のスライドが [目的別スライドショーのスライド] ボックスに表示されていることを確認します。

❷ [OK] をクリックします。

Step 8 概要説明用の目的別スライドショーを実行します。

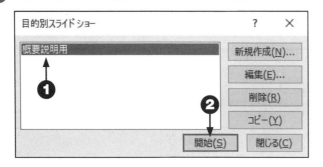

❶ 「概要説明用」という目的別スライドショーが作成され、選択されていることを確認します。

❷ [開始] をクリックします。

Step 9 目的別スライドショーとして設定したスライドが表示されることを確認します。

💡 ヒント　目的別スライドショーのコピー

[目的別スライドショー] ダイアログボックスで、コピー元となる目的別スライドショーをクリックして [コピー] をクリックします。元の目的別スライドショーの名前の先頭に「コピー～」という文字が追加された目的別スライドショーが作成されます。

💡 ヒント　目的別スライドショーの削除

[目的別スライドショー] ダイアログボックスで、削除したい目的別スライドショーをクリックして [削除] をクリックします。

💡 ヒント　目的別スライドショーの編集

[目的別スライドショー] ダイアログボックスで、編集したい目的別スライドショーをクリックして [編集] をクリックします。[目的別スライドショーの定義] ダイアログボックスが表示され、スライドショーの名前の変更や、スライドの追加や削除などの編集ができるようになります。

重要　スライドの順序の入れ替え

[目的別スライドショーの定義] ダイアログボックスで、順序を入れ替えたいスライドを選択して ↑ または ↓ をクリックします。
また、スライドを選択して × をクリックすると、そのスライドを目的別スライドショーから削除できます。

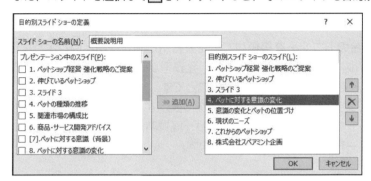

ヒント　[スライドショー] タブからの目的別スライドショーの実行

[スライドショー] タブの [目的別スライドショー] ボタンをクリックすると、作成した目的別スライドショーが表示されます。この一覧から目的のスライドショーを選択することで実行できます。

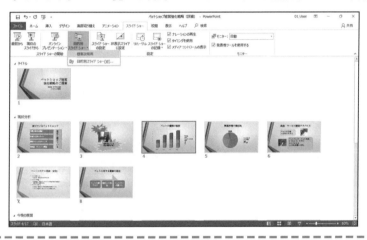

第 4 章　プレゼンテーションの有効活用　129

発表者ツールの利用

1台のコンピューターに2台のモニターを接続して、発表者用と聞き手用というように別々の内容を表示させる「発表者ツール」という機能があります。発表者ツールとは、発表者用のモニターに表示される、スライドショーを操作するための画面のことです。
発表者ツールには、プレゼンテーションのノートや、次に表示するスライドのサムネイルなどが一度に確認できるので、ノートを台本代わりに使用したり、経過時間を把握したりできて、発表者のプレゼンテーションをサポートしてくれる機能といえます。

発表者ツールのメニューには、スライドに書き込めるペンや、スライドを拡大表示できたり順序に関係なく任意のスライドを即時に表示できるなど、プレゼンテーションに役立つ機能が用意されています。

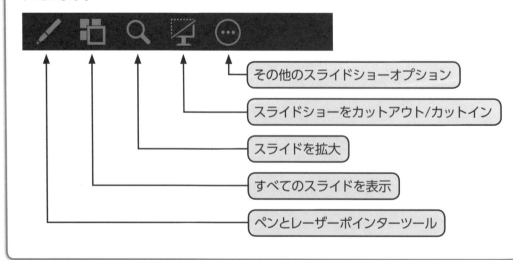

操作 発表者ツールを表示する

発表者ツールを表示しましょう。

Step 1 スライドショーを開始します。

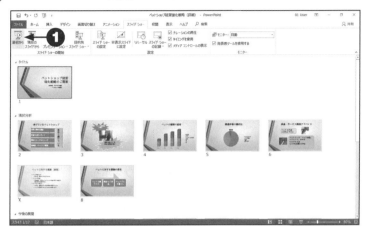

❶ [最初から] ボタンをクリックします。

Step 2 発表者ツールを表示します。

❶ スライド上で右クリックして、ショートカットメニューを表示します。

❷ [発表者ツールを表示] をクリックします。

Step 3 発表者ツールが表示されたことを確認します。

操作 ペンを利用する

ペンを利用して、スライドショーの画面に線を引きましょう。

Step 1 マウスポインターをペンにします。

❶ [ペンとレーザーポインターツール] をクリックします。

❷ [ペン] をクリックします。

ヒント
レーザーポインターの利用

[レーザーポインター] をクリックすると、マウスポインターをレーザーポインターとして利用できます。レーザーポインターは、画面上に線を引くことはできませんが、強調したい箇所などを指し示す場合に使います。**Esc**キーを押して解除できます。また、通常のマウスポインターの状態で**Ctrl**キーを押しながらドラッグしても、レーザーポインターとして利用できます。

Step 2 線を引きます。

❶ マウスポインターが赤色の点に変更されたことを確認します。

❷ 「強化戦略」の文字の下をドラッグします。

Step 3 Escキーを押して、ペンを解除します。

Step 4 書き込んだ線を消去します。

❶ 右クリックして、ショートカットメニューの［ポインターオプション］をポイントします。

❷ ［スライド上のインクをすべて消去］をクリックします。

Step 5 ペンで引いた線が消去されたことを確認します。

💡 ヒント　インク注釈の保持と破棄

ペンで書き込んだ線を消去せずにスライドショーを終了すると、［インク注釈を保持しますか？］というメッセージが表示されます。［保持］をクリックすると線はスライドに保存されます。［破棄］をクリックするとスライド上のすべての線が消去されます。

操作 👉 スライドを一覧表示して任意のスライドを表示する

1枚目のスライドが表示されている状態からすべてのスライドを表示して、4枚目のスライドを表示しましょう。

Step 1 すべてのスライドを表示します。

❶ [すべてのスライドを表示します]をクリックします。

Step 2 4枚目のスライドを表示します。

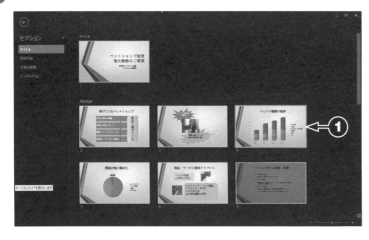

❶ スライド一覧から4枚目のスライドをクリックします。

Step 3 4枚目のスライドが表示されたことを確認します。

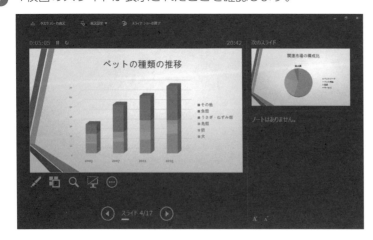

操作 スライドを拡大表示する

スライドの一部を拡大して表示しましょう。

Step 1 拡大表示する場所を選択します。

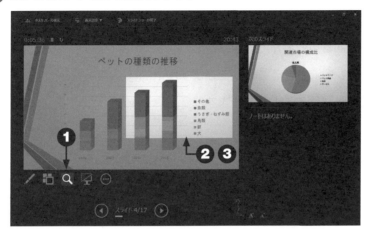

❶ ［スライドを拡大します］をクリックします。

❷ スライドの一部が明るく表示されます。

❸ マウスを動かして拡大表示する場所に合わせてクリックします。

Step 2 選択した場所が拡大表示されたことを確認します。

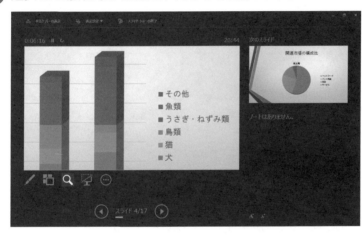

💡 **ヒント**
拡大表示したままでの移動
拡大表示の状態でドラッグすると、拡大表示したままで、現在表示しているスライドのその他の部分に移動することができます。

💡 **ヒント**
キーボードを利用した拡大/縮小表示
＋キーを押すとスライドを3段階で拡大できます。－キーを押すと縮小できます。スライドの全体が表示された状態でさらに－キーを押すと一覧表示になります。

Step 3 **Esc**キーを押すか右クリックして、拡大表示を解除します。

Step 4 **Esc**キーを押して、スライドショーを終了します。

Step 5 ［保存用］フォルダーに、ファイル「ペットショップ経営強化戦略（詳細）」を保存します。

Step 6 ［ファイル］タブをクリックして、［閉じる］をクリックします。

この章の確認

- ☐ コメントを挿入することができますか？
- ☐ コメントを編集することができますか？
- ☐ プレゼンテーションを比較して変更箇所を確認することができますか？
- ☐ 変更箇所の内容を承諾して反映させることができますか？
- ☐ プレゼンテーションにセクションを追加することができますか？
- ☐ セクション単位でスライドを移動させることができますか？
- ☐ 非表示スライドを設定することができますか？
- ☐ 非表示スライドを解除することができますか？
- ☐ 目的別スライドショーを作成することができますか？
- ☐ 目的別スライドショーを実行することができますか？
- ☐ 発表者ツールを利用することができますか？

復習問題 問題 4-1

ICカードの導入を提案するためのプレゼンテーションを比較して、変更を反映しましょう。
また、スライドにコメントを追加しましょう。

1. ファイル「復習4-1　ICカードのご提案」を開きましょう。
2. 校閲機能を利用して、ファイル「復習4-1　ICカードのご提案（変更案）」と比較しましょう。
3. ［変更履歴］作業ウィンドウに表示された変更箇所をすべて反映しましょう。
4. 2枚目のスライドにコメント「磁気カードからICカードの転換期にある」を追加しましょう。
5. ［保存用］フォルダーに、「復習4-1　ICカードのご提案（完成）」という名前で保存しましょう。

完成例

変更の反映

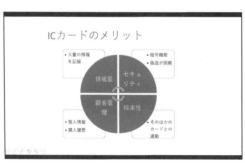

コメントの挿入

 問題 4-2

ICカードの導入を提案するためのプレゼンテーションに、セクションを追加しましょう。
また、目的別スライドショーの作成や、非表示にするスライドの設定も行いましょう。

1. ファイル「復習4-2　ICカードのご提案」を開きましょう。

2. 次の表を参考に、プレゼンテーションにセクションを追加しましょう。

スライド番号	セクション名
1～2	提案主旨
3～5	ポイントカードの現状
6～10	ICカードの提案
11	今後の課題

3. 5枚目と9枚目のスライドを非表示スライドに設定しましょう。

4. スライドショーを実行して、5枚目と9枚目のスライドが表示されないことを確認しましょう。

5. 「スポンサー向け」という名前を付けて、目的別スライドショーを作成しましょう。

6. 次のスライドを目的別スライドショーとして追加しましょう。
    ・1. ICカードのご提案
    ・2. 磁気カードからICカードへ
    ・6. ICカードの種類
    ・7. ICカードのメリット
    ・8. 顧客ニーズへの対応
    ・10. 今後のサービス

7. 「スポンサー向け」の目的別スライドショーを実行して、動作を確認しましょう。

8. ［保存用］フォルダーに、「復習4-2　ICカードのご提案（完成）」という名前で保存しましょう。

完成例

セクションの追加

目的別スライドショー

非表示スライド

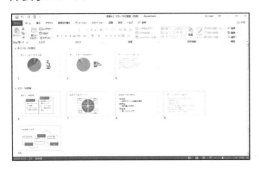

第5章

配布資料の作成

- 配布資料マスターの利用
- プレゼンテーションの準備
- Wordによる配布資料の作成

配布資料マスターの利用

スライドを配布資料として印刷するときの書式を設定するには、「配布資料マスター」を利用します。配布資料マスターでは、配布資料のヘッダーとフッター、日付、ページ番号のテキストの位置やサイズを変更することができます。

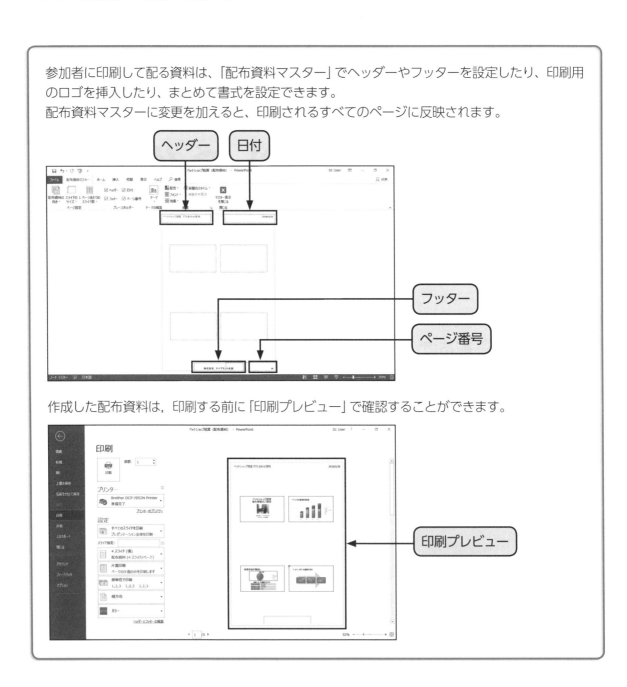

操作 配布資料マスターを表示する

ファイル「ペットショップ経営（配布資料）」を開き、配布資料マスターを表示しましょう。

Step 1 [PowerPoint2019応用] フォルダーのファイル「ペットショップ経営（配布資料）」を開きます。

Step 2 配布資料マスターを表示します。

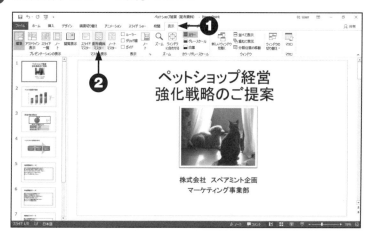

❶ [表示] タブをクリックします。

❷ [配布資料マスター] ボタンをクリックします。

Step 3 配布資料マスターが表示されたことを確認します。

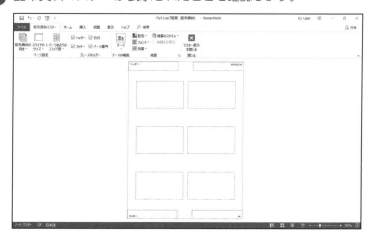

第 5 章　配布資料の作成　*141*

操作 ヘッダーを作成する

「ペットショップ経営　打ち合わせ資料」と表示するヘッダーを作成し、ワードアートのスタイルを設定しましょう。

Step 1 ヘッダーに文字を入力します。

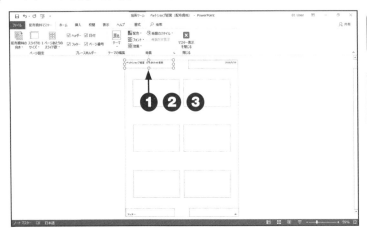

❶ [ヘッダー] と表示されている四角形の枠内をクリックします。

❷ [ヘッダー] の文字が消え、カーソル（縦棒）が表示されていることを確認します。

❸「ペットショップ経営　打ち合わせ資料」と入力します。

Step 2 ワードアートのスタイル一覧を表示します。

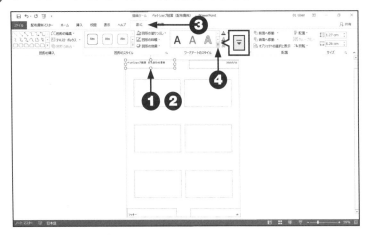

❶「ペットショップ経営　打ち合わせ資料」の枠をクリックします。

❷ カーソル（縦棒）が非表示になったことを確認します。

❸ [書式] タブをクリックします。

❹ [ワードアートのスタイル] グループの [その他] ボタンをクリックします。

Step 3 ヘッダーにワードアートのスタイルを設定します。

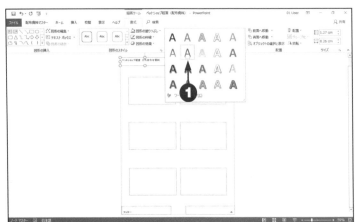

❶ [ワードアートのスタイル] の上から2番目、左から2番目の [塗りつぶし（グラデーション）：青、アクセントカラー5；反射] をクリックします。

Step 4 ヘッダーにワードアートのスタイルが適用されたことを確認します。

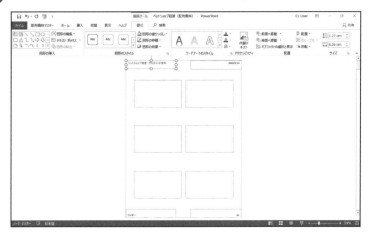

操作 フッターを作成する

「株式会社　スペアミント企画」と表示するフッターを作成し、図形のスタイルを設定しましょう。さらにフッターおよび文字列を中央揃えに配置しましょう。

Step 1 フッターに文字を入力します。

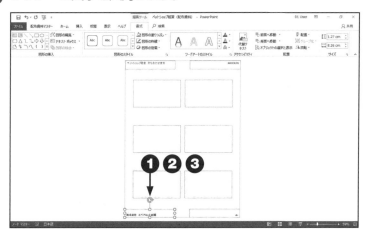

❶ [フッター] と表示されている四角形の枠内をクリックします。

❷ [フッター] という文字が消え、カーソル（縦棒）が表示されていることを確認します。

❸ 「株式会社　スペアミント企画」と入力します。

Step 2 フッターに図形のスタイルを設定します。

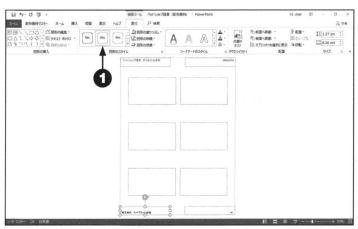

❶ [図形のスタイル] グループの[枠線のみ - 青、アクセント1]をクリックします。

第 5 章　配布資料の作成　*143*

Step 3 フッターを左右中央揃えに配置します。

❶ [配置] ボタンをクリックします。

❷ [左右中央揃え] をクリックします。

Step 4 フッターの文字列を左右中央揃えにします。

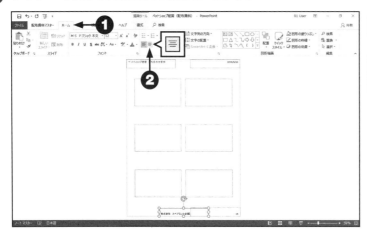

❶ [ホーム] タブをクリックします。

❷ [中央揃え] ボタンをクリックします。

Step 5 フッターに書式が設定されたことを確認します。

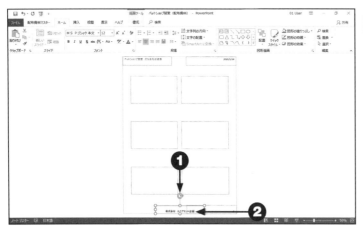

❶ フッターに図形のスタイルが適用され、ページ内の左右中央に配置されたことを確認します。

❷ フッターの文字列が枠内の左右中央に配置されたことを確認します。

Step 6 配布資料マスターの表示を閉じます。

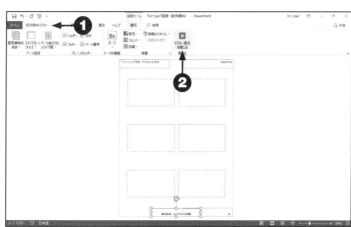

❶ [配布資料マスター] タブをクリックします。

❷ [マスター表示を閉じる] ボタンをクリックします。

操作☞ 印刷プレビューでレイアウトを確認する

作成した配布資料マスターのレイアウトを確認しましょう。配布資料のレイアウトはスライドやノートとは違い、印刷プレビューでのみ確認できます。

Step 1 [印刷] 画面を表示します。

❶ [ファイル] タブをクリックします。

❷ [印刷] をクリックします。

Step 2 印刷の対象を配布資料に設定します。

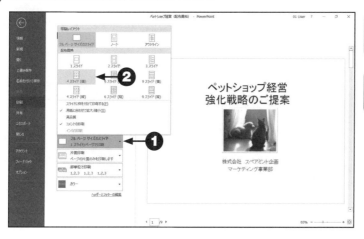

❶ [設定] の [フルページサイズのスライド] をクリックします。

❷ [配布資料] の [4スライド (横)] をクリックします。

第5章 配布資料の作成 **145**

Step 3 印刷プレビューでレイアウトを確認します。

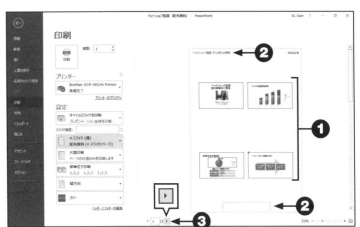

❶ 1ページに4枚のスライドが表示されていることを確認します。

❷ 設定したヘッダーとフッターの内容を確認します。

❸ 画面下部にある▶をクリックします。

Step 4 印刷プレビューの2ページ目を確認します。

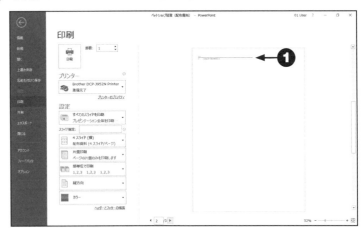

❶ コメントが表示されていることを確認します。

💡 **ヒント**

配布資料のコメント
スライドにコメントが挿入されている場合、コメントはスライドとは別のページに印刷されます。

Step 5 ⬅をクリックします。

プレゼンテーションの準備

プレゼンテーションファイルを配布する場合、「ドキュメント検査」を行うと事前にプレゼンテーションから不要な情報 (個人情報やコメントなど) を削除することができます。また、プレゼンテーションの聞き手やファイルの配布先について視覚的な障がいを考慮する必要がある場合も、アクセシビリティのチェックによって問題点の修正ができます。
ドキュメント検査を実行後、プレゼンテーションを最終版として設定すると、不用意にデータを変更されることを防ぐこともできます。

ドキュメント検査の実行

PowerPointで作成したプレゼンテーションには、作成者以外のメンバーには不要なデータが含まれている場合があります。ドキュメント検査を行うことで、これらの情報を確認することができます。

> ドキュメント検査では、以下の情報を検索して削除することができます。
>
> ・コメントと注釈　　　　　　　　　　・マクロ、フォーム、およびActiveXコントロール
> ・ドキュメントのプロパティと個人情報　・カスタムXMLデータ
> ・コンテンツアドイン　　　　　　　　・スライド上の非表示の内容
> ・作業ウィンドウアドイン　　　　　　・スライド外のコンテンツ
> ・埋め込みアドイン　　　　　　　　　・プレゼンテーションノート
>
> 特に、コメントには校閲者の名前が、プロパティには作成日時、作成者、最終的に保存したメンバーの名前などが含まれています。また、ノートには発表時のメモが入力されている場合があります。このような個人情報やノートの内容など外部に公開するのが望ましくないものは、配布前にドキュメント検査を使って削除します。
> なお、削除した内容は元に戻せないものもあるので、必ずプレゼンテーションファイルを別の名前で保存するなどバックアップを作成しておきます。

操作👉 ドキュメント検査を実行する

ファイルに「ペットショップ経営 (配布資料)」という名前を付けて [保存用] フォルダーに保存し、このファイルのドキュメント検査を実行しましょう。

Step 1 [保存用] フォルダーに、「ペットショップ経営 (配布資料)」という名前で保存します。

第 5 章　配布資料の作成　**147**

Step 2 [ドキュメント検査] ダイアログボックスを表示します。

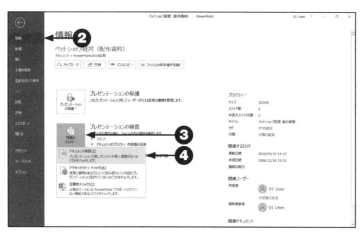

❶ [ファイル] タブをクリックします。

❷ [情報] が選択されていることを確認します。

❸ [問題のチェック] をクリックします。

❹ [ドキュメント検査] をクリックします。

> **重要**
> **ドキュメント検査時のファイル保存**
> ドキュメント検査を実行する前にファイルを保存していない場合は、ファイルの保存を促すメッセージが表示されます。

Step 3 選択した内容がプレゼンテーションに含まれているかどうかを確認します。

❶ 検査したい項目のチェックボックスがオンになっているかを確認します。

❷ 下方向にスクロールして、検査項目を確認します。

❸ [検査] をクリックします。

Step 4 検査結果を確認し、見つかった問題を削除します。

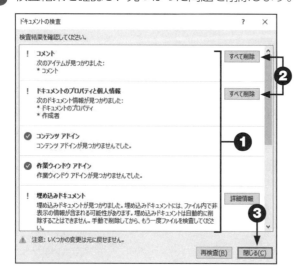

❶ 検査結果を確認します。

❷ 削除する場合は、検査結果の [すべて削除] をクリックします。

❸ [閉じる] をクリックします。

💡 ヒント　アクセシビリティチェックの実行

アクセシビリティチェックは、視覚に障がいがあるユーザーにとって読みにくい内容が含まれているかどうかをチェックする機能です。
判明した問題は、次のいずれかに分類されます。
・エラー（理解が非常に困難または不可能なレベル）
・警告（理解が困難なレベル）
・ヒント（理解可能だが、改善が望ましいレベル）
例えば、スライドにタイトルがない場合、タイトルを入れることでスライドの読み上げがされ、スライドを識別できるようになります。

最終版の設定

作成したプレゼンテーションを最終版として設定すると、入力や編集ができない読み取り専用のファイルになり、誤って変更されるのを防ぐことができます。

操作☞ 最終版に設定する

ファイル「ペットショップ経営（配布資料）」を読み取り専用の最終版として設定しましょう。

Step 1 プレゼンテーションを最終版として保存します。

❶ [プレゼンテーションの保護] をクリックします。

❷ [最終版にする] をクリックします。

Step 2 プレゼンテーションを最終版として保存するか確認のメッセージが表示されます。

❶ [OK] をクリックします。

第5章　配布資料の作成　149

Step 3 ファイルが最終版として設定されたメッセージが表示されます。

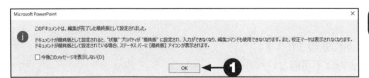

❶ [OK] をクリックします。

Step 4 ファイルが最終版として保存されたことを確認します。

❶ 標準表示になっていることを確認します。

❷ リボンが非表示になり、メッセージバーが表示され、このプレゼンテーションが最終版であることを示すメッセージが表示されていることを確認します。

❸ ステータスバーに [最終版] のアイコンが表示されていることを確認します。

Step 5 ファイルが読み取り専用になっていることを確認します。

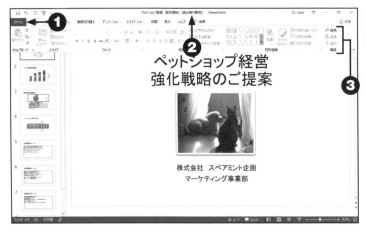

❶ [ホーム] タブをダブルクリックして、リボンを表示します。

❷ タイトルバーに [読み取り専用] と表示されていることを確認します。

❸ リボンの各ボタンがクリックできない状態であることを確認します。

💡 **ヒント**
最終版にしたプレゼンテーションの編集
メッセージバーの [編集する] をクリックすると、最終版の設定が解除され、プレゼンテーションを編集できるようになります。

Step 6 [保存用] フォルダーに、「ペットショップ経営 (配布資料) 最終版」という名前で保存します。

Step 7 メッセージバーの [編集する] をクリックします。

Wordによる配布資料の作成

作成したプレゼンテーションは、Word文書に変換して、Wordの配布資料として作成することもできます。
Wordで配布資料を作成すると、Wordの機能を使って編集や書式設定ができるため効率的に作成できます。また、元のプレゼンテーションを変更した場合に、自動的にWordで作成した配布資料にも反映されるように設定できます。

Wordによる配布資料のページレイアウトは以下の5種類があります。必要に応じて、レイアウトの種類を使い分けます。

・スライド横のノート
・スライド横の空白行
・スライド下のノート
・スライド下の空白行
・アウトライン

以下はWordの「スライド横の空白行」を使用して配布資料を作成した例です。
このようにスライドの横にメモ欄があるものを印刷して配布することで、聞き手はプレゼンテーションを聞きながら疑問点やポイントなどを自由に書き込むことができるためとても便利です。
また、プレゼンテーションの理解を深めるためのツールの1つとしても活用することができます。

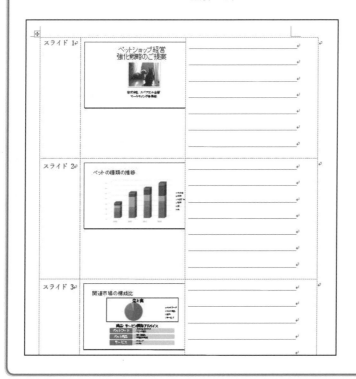

第5章 配布資料の作成

操作 🖝 配布資料をWord文書として作成する

作成したプレゼンテーションからWord文書を作成して、「説明用資料」という名前を付けて保存しましょう。

Step 1 [Microsoft Wordに送る] ダイアログボックスを表示します。

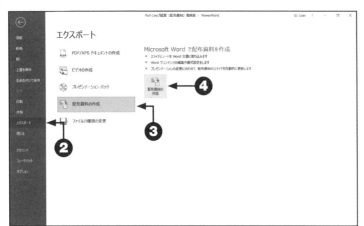

① [ファイル] タブをクリックします。

② [エクスポート] をクリックします。

③ [配布資料の作成] をクリックします。

④ [配布資料の作成] をクリックします。

Step 2 Wordの文書形式を指定します。

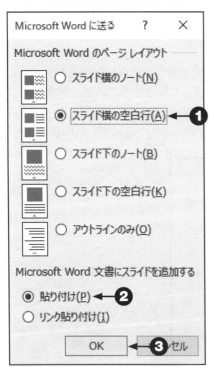

① [スライド横の空白行] をクリックします。

② [貼り付け] が選択されていることを確認します。

③ [OK] をクリックします。

🛑 重 要
貼り付けとリンク貼り付けの違い

[貼り付け] を選択すると、Word文書を作成後に元のプレゼンテーションを更新してもWord文書には反映されません。[リンク貼り付け] を選択すると、Word文書を開くたびに元のプレゼンテーションの更新を反映するかどうかを確認するメッセージが表示されるようになります。

Step 3 タスクバーのWordのアイコン（[文書1-Word]）をクリックして、Word文書「文書1」に切り替えます。

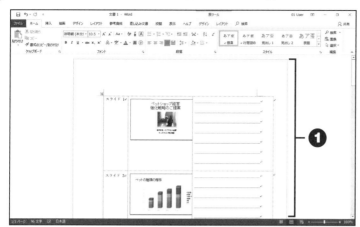

❶ スライドの画面が貼り付けられた表形式のWord文書が作成されたことを確認します。

Step 4 タスクバーのPowerPointのアイコン（[ペットショップ経営（配布資料）-PowerPoint]）をクリックして、ファイル「ペットショップ経営（配布資料）」に切り替えます。

Step 5 [ファイル] タブをクリックして、[閉じる] をクリックします。
※メッセージが表示された場合は、[保存しない] をクリックします。

💡 ヒント　[Microsoft Wordに送る] ダイアログボックス

[Microsoft Wordに送る] ダイアログボックスでは、Wordのページレイアウトを指定したり、プレゼンテーションの書き出したい内容やスライドのリンクを設定したりすることができます。

書き出したい内容	選択するオプション
スライドとノート	[スライド横のノート] または [スライド下のノート]
スライド	[スライド横の空白行] または [スライド下の空白行]
アウトライン	[アウトラインのみ]

操作☞ Wordで配布資料を編集する

配布資料として作成したWord文書「文書1」の表の幅を変更して、スライドの画面全体が表示されるようにしましょう。また、空白行に文字列を入力しましょう。

Step 1 タスクバーのWordのアイコン（[文書1-Word]）をクリックして、Word文書「文書1」に切り替えます。

Step 2 表の2列目を選択します。

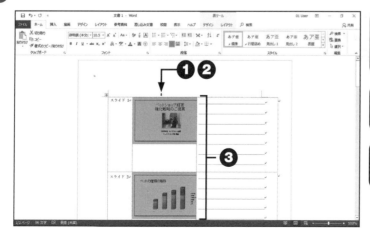

❶ 表の2列目の上部をポイントし、マウスポインターが↓になっていることを確認します。

❷ ポイントしている位置でクリックします。

❸ 表の2列目全体が選択されたことを確認します。

第5章　配布資料の作成

Step 3 [表のプロパティ] ダイアログボックスを表示します。

❶ 選択した列を右クリックし、ショートカットメニューを表示します。

❷ [表のプロパティ] をクリックします。

Step 4 表の列幅を変更します。

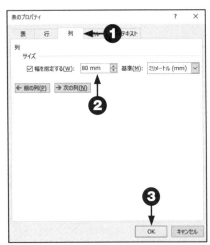

❶ [列] タブをクリックします。

❷ [幅を指定する] ボックスに「80mm」と入力します。

❸ [OK] をクリックします。

Step 5 スライド画面全体が表示されたことを確認します。

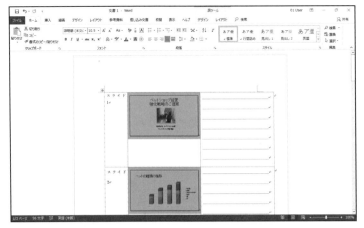

Step 6 空白行に「Memo：」という文字列を入力します。

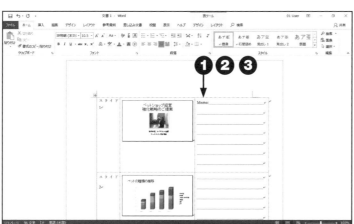

❶「スライド1」の1行目の空白行の先頭をクリックします。

❷カーソル（縦棒）が表示されたことを確認して、「Memo：」と入力します。

❸Deleteキーを6回押して、余分な空白を削除します。

Step 7 ［保存用］フォルダーに、「説明用資料」という名前で保存します。

Step 8 ✕閉じるボタンをクリックして、Wordを終了します。

ヒント　スライドの編集方法

Wordに貼り付けたスライドを編集するには、編集したいスライドをダブルクリックするか、右クリックして表示されるショートカットメニューの［Slideオブジェクト］の［編集］をクリックします。

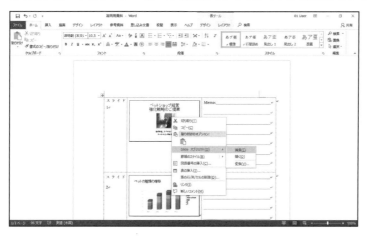

編集の操作は、［Microsoft Wordに送る］ダイアログボックスで指定した貼り付けた形式によって異なります。

・［貼り付け］で貼り付けたスライドの場合

第 5 章　配布資料の作成

Wordのリボン表示がPowerPointのリボン表示に変わり、PowerPointの機能を使用してスライドを編集できるようになります。この例では画像をダブルクリックして編集しています。
スライドの編集を終了する場合は、スライド以外の部分をクリックします。

・[リンク貼り付け]で貼り付けたスライドの場合

画像をダブルクリックするとPowerPointが起動し、元のプレゼンテーションが表示されます。
スライドの編集を終了する場合は、プレゼンテーションを保存してPowerPointを終了します。

ヒント スライドを右クリックしたときのショートカットメニュー

Word文書に貼り付けたスライドを右クリックして、表示されるショートカットメニューの[Slideオブジェクト]の[開く]をクリックすると、[Microsoft Wordに送る]ダイアログボックスで[貼り付け]を指定してWord文書にスライドを貼り込んだ場合でも、PowerPointでスライドを編集することができます。
また、[リンク貼り付け]の場合は、[リンク先の更新]をクリックすると、元のプレゼンテーションで行った変更を反映させることができます。

この章の確認

- □ 配布資料マスターを表示することができますか？
- □ 配布資料マスターにヘッダーを追加することができますか？
- □ 配布資料マスターにフッターを追加することができますか？
- □ 印刷プレビューで配布資料マスターのレイアウトを確認することができますか？
- □ ドキュメント検査を実行することができますか？
- □ プレゼンテーションを最終版にすることができますか？
- □ プレゼンテーションからWord文書の配布資料を作成することができますか？

復習問題 問題 5-1

ICカードの導入を提案するためのプレゼンテーションの配布資料マスターにヘッダーとフッターを追加しましょう。また、作成したプレゼンテーションでドキュメント検査を実行しましょう。

1. ファイル「復習5-1　ICカードのご提案」を開きましょう。

2. 配布資料マスターを表示して、ヘッダーに「ICカードのご提案」という文字列を追加しましょう。

3. 追加したヘッダーの文字列にワードアートのスタイル［塗りつぶし：オレンジ、アクセントカラー2；輪郭；アクセントカラー2］を設定し、フォントサイズを16ポイントに変更しましょう。

4. 印刷プレビューで［配布資料］の［2スライド］に設定して、レイアウトを確認しましょう。

5. ［保存用］フォルダーに、「復習5-1　ICカードのご提案（完成）」という名前で保存しましょう。

6. ドキュメント検査を実行して、表示されるメッセージを確認しましょう。

7. プレゼンテーションを最終版として保存しましょう。

完成例

配布資料

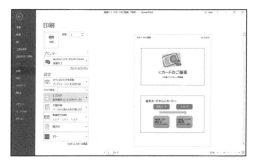

最終版

第6章

プレゼンテーションの保存

- スライドショー形式とプレゼンテーションパック
- グラフィックス形式での保存
- セキュリティの設定
- その他のファイル形式での保存

スライドショー形式とプレゼンテーションパック

作成したプレゼンテーションを、その他のコンピューターでスライドショーを実行する目的で配布する場合には、プレゼンテーションを「スライドショー形式」で保存することができます。また、プレゼンテーションにその他のファイルへのリンクが設定されている場合には、「プレゼンテーションパック」を利用すると便利です。プレゼンテーションパックは、PowerPointのファイルやリンク先のファイルをまとめてパッケージ化でき、CD-ROMやUSBメモリーなどのメディアにコピーすることもできます。

スライドショー形式での保存

スライドショー形式で保存した場合、プレゼンテーションファイルを開くと自動的にスライドショーが実行されます。

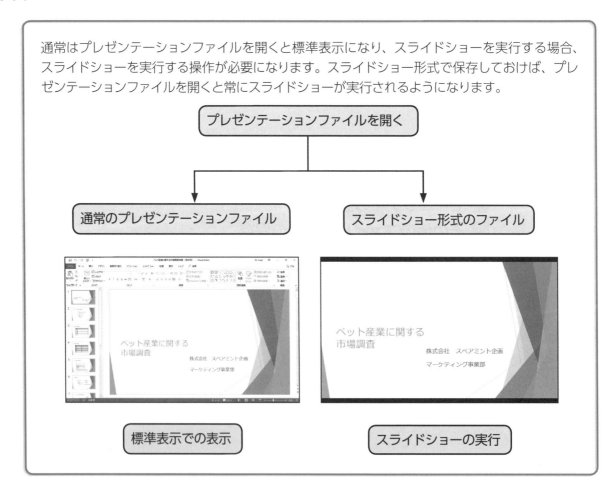

操作 スライドショー形式で保存する

ファイル「ペット産業に関する市場調査結果(保存用)」を開き、スライドショー形式で保存しましょう。

Step 1 [PowerPoint2019応用]フォルダーのファイル「ペット産業に関する市場調査結果(保存用)」を開きます。

Step 2 [名前を付けて保存]ダイアログボックスを表示します。

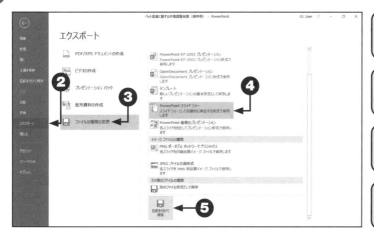

❶ [ファイル]タブをクリックします。

❷ [エクスポート]をクリックします。

❸ [ファイルの種類の変更]をクリックします。

❹ [PowerPointスライドショー]をクリックします。

❺ [名前を付けて保存]をクリックします。

Step 3 [保存用]フォルダーにスライドショー形式で保存します。

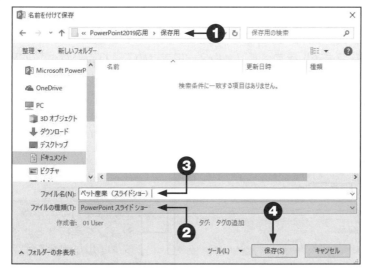

❶ 一覧から[保存用]フォルダーをダブルクリックします。

❷ [ファイルの種類]ボックスが[PowerPointスライドショー]になっていることを確認します。

❸ [ファイル名]ボックスに「ペット産業(スライドショー)」と入力します。

❹ [保存]をクリックします。

Step 4 タイトルバーのファイル名が、「ペット産業(スライドショー)」に変更されたことを確認します。

Step 5 [ファイル]タブをクリックして、[閉じる]をクリックします。

Step 6 [保存用] フォルダーを開いてファイル「ペット産業（スライドショー）」をダブルクリックし、スライドショーが直接開始されることを確認します。

Step 7 **Esc**キーを押して、スライドショーを終了します。

> **ヒント** **[名前を付けて保存] ダイアログボックスでの保存**
>
> スライドショー形式やプレゼンテーションパックのように、ファイル形式を変更して保存したい場合には、[ファイル] タブの [名前を付けて保存] をクリックして、[名前を付けて保存] ダイアログボックスの [ファイルの種類] ボックスで保存したいファイル形式に指定し直す必要があります。

プレゼンテーションパックでの保存

出張や出先などでプレゼンテーションをするときに、いつも作業しているコンピューターを持っていくことができない場合、相手先のコンピューターを使用することがあります。このときそのコンピューターにPowerPointがインストールされていても、作成したプレゼンテーションにリンクされたファイルなどがある場合、PowerPointのファイルだけを持っていっても、リンク先のファイルを開いたり、基のデータを編集することはできません。
このような場合、「プレゼンテーションパック」を作成して利用することで、これらのことを解決することができます。

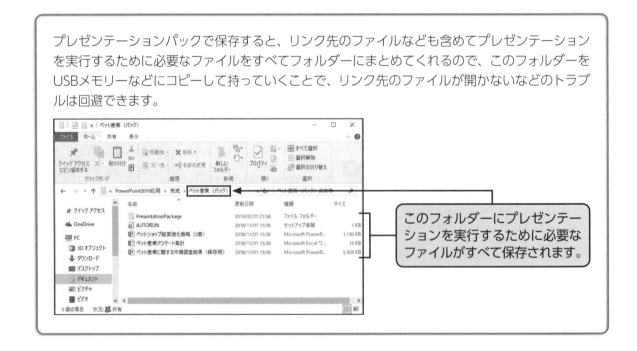

操作 プレゼンテーションパックとして保存する

ファイル「ペット産業に関する市場として調査結果（保存用）」を開き、「ペット産業（パック）」というフォルダー名で、プレゼンテーションパックとして保存しましょう。

Step 1 [PowerPoint2019応用] フォルダーのファイル「ペット産業に関する市場調査結果（保存用）」を開きます。

Step 2 サムネイルの6枚目のスライドをクリックし、[スライドショー] タブの [現在のスライドショーから] ボタンをクリックします。

❶「詳細はExcelファイルへ」をクリックして、Excelワークシート「ペット産業アンケート集計」へのハイパーリンクが設定されていることを確認します。

Step 3 Enterキーを3回押して、9枚目のスライドを表示します。

❶動作設定ボタンをクリックして、ファイル「ペットショップ経営強化戦略（2章）」へのハイパーリンクが設定されていることを確認します。

Step 4 Escキーを押して、スライドショーを終了します。

Step 5 [プレゼンテーションパック] ダイアログボックスを表示します。

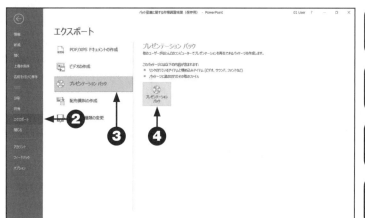

❶[ファイル] タブをクリックします。

❷[エクスポート] をクリックします。

❸[プレゼンテーションパック] をクリックします。

❹[プレゼンテーションパック] をクリックします。

Step 6 [フォルダーにコピー] ダイアログボックスを表示します。

❶ [フォルダーにコピー] をクリックします。

💡 ヒント
CDへのコピー
[CDにコピー] をクリックすると、プレゼンテーションパックをCDに書き込むことができます。この場合、書き込み可能な光学ドライブとCD-Rなどのメディアが必要です。

❗ 重要
[オプション]ダイアログボックス
[オプション] をクリックすると、[オプション] ダイアログボックスが表示され、必要に応じて含めるファイルやパスワードの設定を行うことができます。

Step 7 プレゼンテーションパックのフォルダー名を指定します。

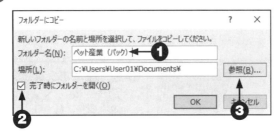

❶ [フォルダー名] ボックスに「ペット産業（パック）」と入力します。

❷ [完了時にフォルダーを開く] チェックボックスがオンになっていることを確認します。

❸ [参照] をクリックします。

Step 8 プレゼンテーションパックの保存先を指定します。

❶ [保存先の選択] ダイアログボックスが表示されたことを確認します。

❷ 一覧から [保存用] フォルダーをダブルクリックします。

❸ [選択] をクリックします。

Step 9 [フォルダーにコピー] ダイアログボックスの [OK] をクリックします。

Step 10 リンクされているファイルがプレゼンテーションパックに含められることを示すメッセージが表示されます。

❶ [はい] をクリックします。

Step 11 プレゼンテーションパックの内容を確認します。

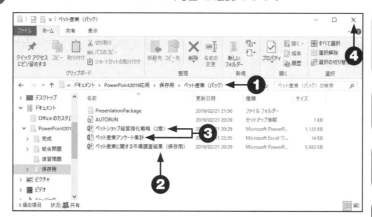

❶ コピーが完了すると、[ペット産業（パック）] フォルダーが開きます。

❷ プレゼンテーションファイルを確認します。

❸ リンク先のファイルを確認します。

❹ 閉じるボタンをクリックします。

Step 12 [プレゼンテーションパック] ダイアログボックスの [閉じる] をクリックします。

💡 ヒント　設定したハイパーリンクについて

設定したハイパーリンクは、リンク先のファイルを別のフォルダーに移動したときには自動更新されません。ファイルを別のフォルダーに移動した場合は、ハイパーリンクを編集する必要があります。
例えば、提供している実習用データでは、9枚目のスライドのハイパーリンク先が「C:¥Users¥User01¥Documents¥PowerPoint2019応用¥ペットショップ経営強化戦略（2章）.pptx#12.現状のニーズ」に設定されているので、上記フォルダー以外に提供データをコピーした場合は、リンク先のプレゼンテーションが表示されない場合があります。

⚠ 重要　ExcelやWordのデータ

ExcelワークシートやWord文書へのリンクを設定している場合、スライドショーを実行するコンピューターに、それらのファイルを開くためのアプリケーションがインストールされていないと、リンク先のファイルを開くことができません。

第6章　プレゼンテーションの保存

グラフィックス形式での保存

プレゼンテーションファイルをPNGやJPEGなどのグラフィックス形式で保存することができます。グラフィックス形式で保存すると、スライド1枚1枚がイメージファイルとして保存されるため、Webページ上のグラフィックスとして使用したり、スライドに挿入する画像として利用することなどができます。

プレゼンテーションをグラフィックス形式で保存するには、[エクスポート] 画面でファイルの形式を選択するだけです。名前を付けたフォルダー内に、スライドが1枚ずつ指定した形式で保存されます。イメージファイルは別のアプリケーションで再利用することも可能です。また、スライドの見た目どおりのレイアウトや書体で保存されて利用できるのも利点です。

スライドを1枚ずつイメージファイルとして保存します。

■ 保存可能なグラフィックス形式について

PowerPointで保存できるグラフィックス形式には、主に次のものがあります。このうち、前述の操作方法で保存できるのはPNGとJPEGの形式だけです。GIFとTIFFの形式を指定したいときは、[名前を付けて保存] ダイアログボックスの [ファイルの種類] ボックスで指定します。

画像形式	特徴
GIFグラフィックス交換形式	256色をサポートし、イラストなどの画像に適しています。アニメーションや背景の透明色もサポートしています。
JPEGファイル交換形式	約1600万色をサポートし、写真やグラデーションなどのグラフィックスなどに適しています。
PNGポータブルネットワークグラフィックス形式	GIFに代わるWebページの標準として策定されました。フルカラーの画像を劣化することなく圧縮することができます。アニメーションはサポートしていません。
TIFF形式	高い解像度が必要な画像を保存するために最適な形式です。任意の解像度に設定することが可能です。

操作 スライドをイメージファイルとして保存する

ファイル「ペット産業に関する市場調査結果 (保存用)」のすべてのスライドを [保存用] フォルダーにJPEG形式のイメージファイルとして保存しましょう。

Step 1 ファイル「ペット産業に関する市場調査結果 (保存用)」が開いていることを確認します。

Step 2 [名前を付けて保存] ダイアログボックスを表示します。

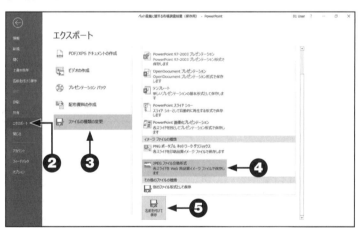

❶ [ファイル] タブをクリックします。

❷ [エクスポート] をクリックします。

❸ [ファイルの種類の変更] をクリックします。

❹ [JPEGファイル交換形式] をクリックします。

❺ [名前を付けて保存] をクリックします。

Step 3 ファイルをJPEG形式として保存します。

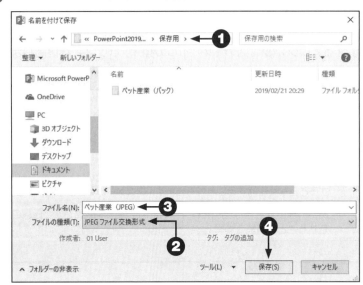

❶ 一覧から［保存用］フォルダーをダブルクリックします。

❷［ファイルの種類］ボックスが［JPEGファイル交換形式］になっていることを確認します。

❸［ファイル名］ボックスに「ペット産業（JPEG）」と入力します。

❹［保存］をクリックします。

Step 4 エクスポートするスライドを指定します。

❶［すべてのスライド］をクリックします。

💡 ヒント
ファイル名とフォルダー名
［すべてのスライド］をクリックした場合、［名前を付けて保存］ダイアログボックスで指定したファイル名はフォルダー名になります。

Step 5 スライドが［ペット産業（JPEG）］フォルダーに保存されたことを確認するメッセージが表示されます。

❶［OK］をクリックします。

Step 6 ［保存用］フォルダーの［ペット産業（JPEG）］フォルダーを開きます。

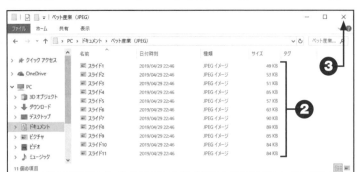

❶［保存用］フォルダーにある［ペット産業（JPEG）］フォルダーをダブルクリックします。

❷ スライドがJPEG形式で保存されたことを確認します。

❸ 閉じるボタンをクリックします。

セキュリティの設定

作成したプレゼンテーションファイルに、第三者に知られては不都合な機密情報や個人情報が含まれていることがあります。万が一、第三者にファイルを誤送信してしまったり、盗まれたりしてしまうと、情報漏洩として被害が発生する可能性もあります。
このような場合、PowerPointの暗号化機能を使用すれば、パスワードを知っているユーザーだけがプレゼンテーションファイルを開くことができるようになります。

操作 プレゼンテーションファイルにパスワードを設定する

ファイル「ペット産業に関する市場調査結果（保存用）」にパスワードを使用して暗号化しましょう。

Step 1 ファイル「ペット産業に関する市場調査結果（保存用）」が開いていることを確認します。

Step 2 [ドキュメントの暗号化] ダイアログボックスを表示します。

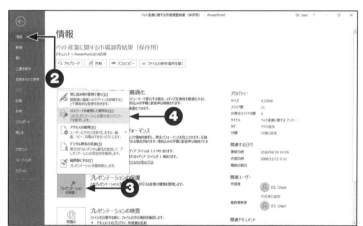

❶ [ファイル] タブをクリックします。

❷ [情報] が選択されていることを確認します。

❸ [プレゼンテーションの保護] をクリックします。

❹ [パスワードを使用して暗号化] をクリックします。

Step 3 パスワードを入力します。

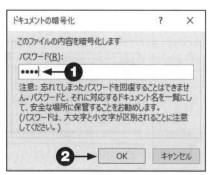

❶ [パスワード] ボックスに半角小文字で「pass」と入力します（入力したパスワードは、画面上では黒丸で表示されます）。

❷ [OK] をクリックします。

第6章 プレゼンテーションの保存　169

Step 4 [パスワードの確認] ダイアログボックスで、パスワードを再度入力します。

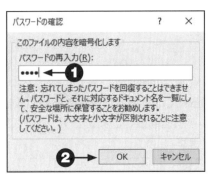

❶ [パスワードの再入力] ボックスに半角小文字で「pass」と入力します（入力したパスワードは、画面上では黒丸で表示されます）。

❷ [OK] をクリックします。

Step 5 パスワードが設定されたことを確認します。

❶ [プレゼンテーションの保護] の項目が黄色になり、[このプレゼンテーションを開くには、パスワードを入力する必要があります。] と表示されていることを確認します。

Step 6 [名前を付けて保存] をクリックして、[保存用] フォルダーに「ペット産業（パスワード）」という名前で保存します。

Step 7 [ファイル] タブをクリックして、[閉じる] をクリックします。

Step 8 [ファイル] タブをクリックして、[開く] をクリックし、[保存用] フォルダーに保存したファイル「ペット産業（パスワード）」を開きます。

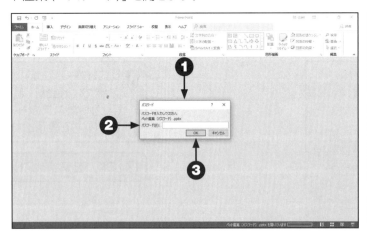

❶ プレゼンテーションファイルが開く前に、[パスワード] ダイアログボックスが表示されることを確認します。

❷ [パスワード] ボックスに半角小文字で「pass」と入力します（入力したパスワードは、画面上では [＊] で表示されます）。

❸ [OK] をクリックします。

Step 9 プレゼンテーションファイルが開くことを確認します。

Step 10 [ファイル] タブをクリックして、[閉じる] をクリックします。

ヒント　読み取りパスワードと書き込みパスワード

パスワードは [名前を付けて保存] ダイアログボックスでも設定できます。この場合、読み取りパスワード（ファイルを開くときに使用）と書き込みパスワード（ファイルを編集するときに使用）を別々に設定することができます。

[名前を付けて保存] ダイアログボックスの [ツール] をクリックして [全般オプション] をクリックすると、[全般オプション] ダイアログボックスが表示されます。

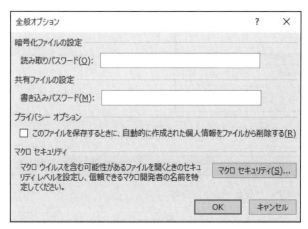

[読み取りパスワード] には、ファイルを開くときに使用するパスワードを設定します。[書き込みパスワード] には、ファイルを編集するときに使用するパスワードを設定します。

パスワードを設定したら [OK] をクリックし、[名前を付けて保存] ダイアログボックスの [保存] をクリックして、ファイルを保存します。

その他のファイル形式での保存

作成したプレゼンテーションファイルは、さまざまなファイル形式に変換して保存することができます。

[名前を付けて保存] ダイアログボックスの [ファイルの種類] ボックスを変更することによって、保存するファイルの形式を変更することができます。

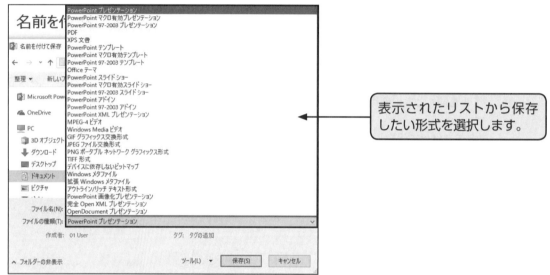

表示されたリストから保存したい形式を選択します。

PowerPointで保存できる主なファイル形式には次のようなものがあります。

ファイル形式	特徴
PowerPoint プレゼンテーション	PowerPointプレゼンテーションです。
PowerPoint マクロ有効プレゼンテーション	Visual Basic for Application (VBA) コードが含まれているプレゼンテーションです。
PowerPoint 97-2003 プレゼンテーション	PowerPoint 97-2003のバージョンで開くことができるプレゼンテーションです。
PDFドキュメント形式	Adobeシステムによって開発された電子ファイル形式です。
PowerPoint デザインテンプレート	PowerPointのプレゼンテーションテンプレートです。
Officeテーマ	配色テーマ、フォントテーマ、効果テーマの定義を含むスタイルシートです。
PowerPoint スライドショー	常にスライドショー形式で開くプレゼンテーションです。
PowerPoint XML プレゼンテーション	標準的なXML対応のファイル形式のプレゼンテーションです。
Windows Media ビデオ	ビデオとして保存されるプレゼンテーション。

ファイル形式	特徴
デバイスに依存しないビットマップ	ビットマップは、色の付いたドット(点)を行と列で構成されているマス目に置いて画像を表現しています。
Windowsメタファイル	16ビットグラフィックとしてのスライドです。
拡張されたWindowsメタファイル	32ビットグラフィックとしてのスライドです。
アウトライン/リッチテキスト形式	テキストのみの文書として使用します。ノートペインに入力した文字は、このファイル形式では保存されません。

PDF/XPS形式での保存

PDFとXPSの形式は、PowerPointがインストールされていない環境であっても、プレゼンテーションの書式を崩さずに表示することができるファイル形式です。プレゼンテーションをPDFやXPSの形式で保存すれば、PowerPointを使用していないユーザーとの間でもPowerPointのスライドのイメージを共有することができます。
PDFやXPSの形式のファイルは電子メールに添付して送ったり、Webページで配布して利用できます。

操作 PDF/XPS形式で保存する

ファイル「ペット産業に関する市場調査結果(保存用)」を、PDF形式で保存しましょう。

Step 1 [PowerPoint2019応用] フォルダーのファイル「ペット産業に関する市場調査結果(保存用)」を開きます。

Step 2 [PDFまたはXPS形式で発行] ダイアログボックスを表示します。

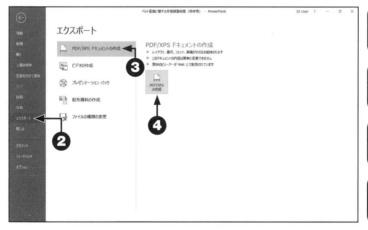

❶ [ファイル] タブをクリックします。

❷ [エクスポート] をクリックします。

❸ [PDF/XPSドキュメントの作成] をクリックします。

❹ [PDF/XPSの作成] をクリックします。

Step 3 [保存用] フォルダーに、「ペット産業 (PDF)」という名前で保存します。

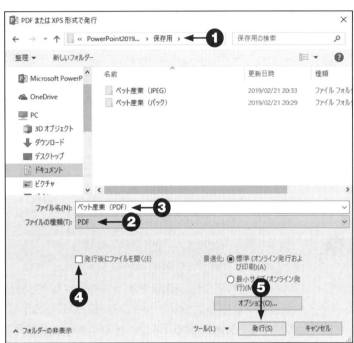

❶ 一覧から [保存用] フォルダーをダブルクリックします。

❷ [ファイルの種類] ボックスが [PDF] になっていることを確認します。

❸ [ファイル名] ボックスに「ペット産業 (PDF)」と入力します。

❹ [発行後にファイルを開く] チェックボックスをオフにします。

❺ [発行] をクリックします。

Step 4 [保存用] フォルダーを開いて、ファイル「ペット産業 (PDF)」が作成されていることを確認します。

Step 5 [保存用] フォルダーのウィンドウの ×閉じるをクリックします。

Step 6 [ファイル] タブをクリックして、[閉じる] をクリックします。

❗ 重要　PDF/XPS形式のファイルの表示

PDF形式のファイルを閲覧するには、Adobe Readerなどのアプリケーションが必要です。Adobe Readerは、Adobe社のWebサイトで無償配布されています。また、Windows 10に付属するMicrosoft EdgeでもPDF形式のファイルを閲覧できます。
XPS形式のファイルを開くには、OSがWindows Vista以降であれば、特別なアプリケーションを必要としません。

💡 ヒント　ビデオの作成

PowerPoint 2010 からは、プレゼンテーションをビデオファイル形式で保存することもできるようになりました。ビデオには、プレゼンテーションに保存されているタイミングやナレーション、アニメーションやメディアファイルなども保存されます。ビデオファイル形式で保存するには、[エクスポート] 画面の [ビデオ作成] をクリックして、表示される項目を設定します。

この章の確認

- □ プレゼンテーションをスライドショー形式で保存することができますか？
- □ プレゼンテーションをプレゼンテーションパックとして保存することができますか？
- □ プレゼンテーションをJPEG形式のイメージファイルとして保存することができますか？
- □ プレゼンテーションをパスワードを使用して暗号化することができますか？
- □ プレゼンテーションをPDF形式で保存することができますか？

復習問題　問題 6-1

ポイントカードの導入を提案するためのプレゼンテーションをスライドショー形式で保存しましょう。

1. ファイル「復習6-1　ポイントカードの市場」を開きましょう。

2. ［保存用］フォルダーに、「復習6-1　ポイントカードの市場（完成）」という名前を付けて、スライドショー形式で保存しましょう。

3. ファイル「復習6-1　ポイントカードの市場（完成）」を閉じましょう。

4. ［保存用］フォルダーを開き、保存したファイル「復習6-1　ポイントカードの市場（完成）」をダブルクリックして、スライドショーが直接開始されることを確認しましょう。

完成例

スライドショー形式　　　　　　　　　スライドショー

問題 6-2

ポイントカードの導入を提案するためのプレゼンテーションを、パスワードを利用して暗号化しましょう。

1. ファイル「復習6-2　ポイントカードの市場」を開きましょう。

2. プレゼンテーションに「pass」というパスワードを設定して、[保存用] フォルダーに「復習6-2　ポイントカードの市場（完成）」という名前で保存しましょう。

3. ファイル「復習6-2　ポイントカードの市場（完成）」を閉じましょう。

4. [保存用] フォルダーを開き、保存したファイル「復習6-2　ポイントカードの市場（完成）」をダブルクリックして、[パスワード] ダイアログボックスが表示されることを確認しましょう。

5. パスワード「pass」を入力して [OK] をクリックし、プレゼンテーションが開くことを確認しましょう。

完成例

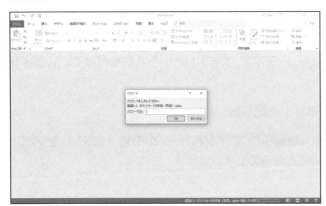

本書で学習した内容が身に付いたかどうか、
総合問題で確認しましょう。

問題 1

アメリカ西海岸についてのプレゼンテーションに、テーマや書式の設定などを行って、オリジナルテンプレートとして保存しましょう。

完成例

スライドショー（タイトルスライド）

スライドショー（タイトルとコンテンツ）

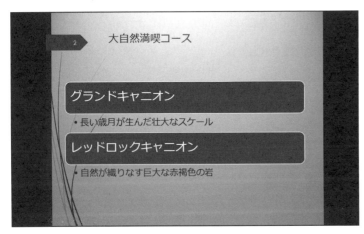

スライドショー（セクション見出し）

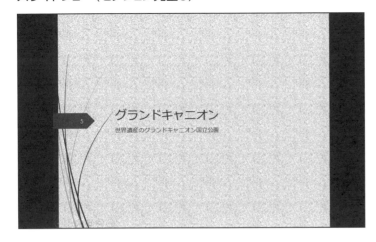

1. PowerPoint 2019を起動しましょう。

2. ［総合問題］フォルダーのファイル「総合1　アメリカ西海岸」を開きましょう。

3. スライドのサイズを［標準（4：3）］にしましょう。

4. スライドマスターを表示し、テーマに［ウィスプ］を、配色に［赤］を設定しましょう。

5. スライドマスターに、背景のスタイル［スタイル6］を設定しましょう。

6. セクション見出しのレイアウトの背景に、テクスチャ［新聞紙］を設定しましょう。

7. ［タイトルとコンテンツ］レイアウトの背景に、塗りつぶし（グラデーション）の既定のグラデーション［上スポットライト - アクセント3］を設定しましょう。

8. スライドマスターのフッターに、文字列「Welcome」を入力し、フォントサイズを20ポイントに設定しましょう。

9. フッターの文字列に、ワードアートのスタイル［塗りつぶし：白；輪郭：オレンジ、アクセントカラー2；影（ぼかしなし）：オレンジ、アクセントカラー2］を設定しましょう。

10. すべてのスライドに、スライド番号とフッターを表示するように設定しましょう。

11. 標準表示でプレゼンテーションを表示しましょう。

12 1枚目のスライドの「PP旅行社」のフォントサイズを28ポイントに変更しましょう。

13. マスターに「ようこそ」という名前を付け、オリジナルテンプレートとして保存しましょう。

14. 1枚目のスライドからスライドショーを実行しましょう。

15. 作成したプレゼンテーションに「総合1　アメリカ西海岸（完成）」という名前を付けて、［PowerPoint 2019応用］フォルダーの［保存用］フォルダーに保存しましょう。

問題 2

アメリカ西海岸についてのプレゼンテーションを完成させましょう。

完成例

スライドマスター

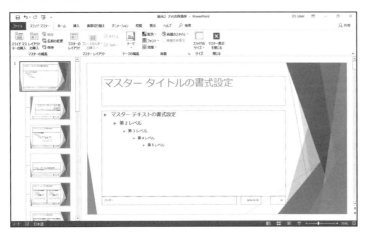

セクション見出し

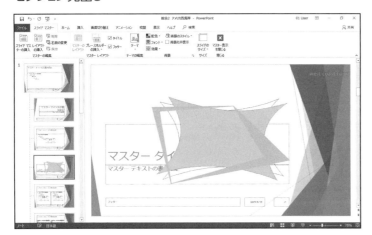

標準表示

1. ［総合問題］フォルダーのファイル「総合2　アメリカ西海岸」を開きましょう。

2. スライドマスターを表示し、テーマ［ファセット］を設定しましょう。

3. スライドマスターに横書きテキストボックスを挿入して、文字列「west coast tour」を入力し、フォントサイズを20ポイントに設定しましょう。

4. テキストボックスに、ワードアートのスタイル［塗りつぶし（グラデーション）：オレンジ、アクセントカラー4；輪郭：オレンジ、アクセントカラー4］を設定しましょう。

5. 挿入したテキストボックスをスライドの右上角に移動しましょう。

6. セクション見出しのレイアウトのオブジェクト領域に、［総合問題］フォルダーにあるファイル「図1」を挿入しましょう。

7. 標準表示でプレゼンテーションを表示しましょう。

8. 6枚目のスライドに、［総合問題］フォルダーにあるファイル「写真1」を挿入しましょう。

9. 挿入したファイル「写真1」を、文字が隠れないように右側に移動しましょう。

10. 挿入したファイル「写真1」に、図のスタイル［透視投影（右）、反射付き］を設定しましょう。

11. 作成したプレゼンテーションに「総合2　アメリカ西海岸（完成）」という名前を付けて、［PowerPoint 2019応用］フォルダーの［保存用］フォルダーに保存しましょう。

問題3

ビーチリゾートについてのプレゼンテーションを完成させましょう。

完成例
変更箇所

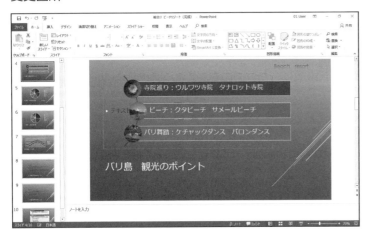

コメント

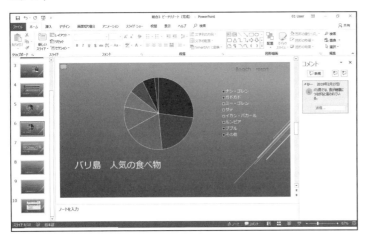

1. ［総合問題］フォルダーのファイル「総合3　ビーチリゾート」を開きましょう。

2. 校閲機能を利用して、［総合問題］フォルダーのファイル「総合3　ビーチリゾート（修正スライド）」と比較して、4枚目のスライドの変更箇所をすべて反映しましょう。

3. 2枚目のスライドの文字列「ハワイ」に、［総合問題］フォルダーのファイル「総合3　ハワイツアー」へのリンクを設定しましょう。

4. 5枚目のスライドの文字列「Excelのバリ島情報へ」に、［総合問題］フォルダーのExcelワークシート「総合3　バリ島情報」へハイパーリンクを設定しましょう。

5. 6枚目のスライドにコメント「バリ島では、食が健康につながると言われている。」を追加しましょう。

6. スライドの再利用機能を利用して、7枚目のスライドの後ろに［総合問題］フォルダーのファイル「総合3　おすすめポイント」のスライドすべてを挿入しましょう。

7. スライドショーを実行して、設定したハイパーリンクを確認しましょう。

8. 開いているExcelワークシートを閉じましょう。

9. 作成したプレゼンテーションに「総合3　ビーチリゾート（完成）」という名前を付けて、［PowerPoint 2019応用］フォルダーの［保存用］フォルダーに保存しましょう。

問題 4

アジアの旅についてのプレゼンテーションを開き、非表示にするスライドを設定しましょう。
また、目的別スライドショーを作成しましょう。

完成例

目的別スライドショー（上海の旅）

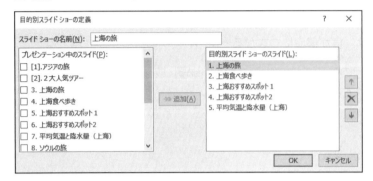

目的別スライドショー（ソウルの旅）

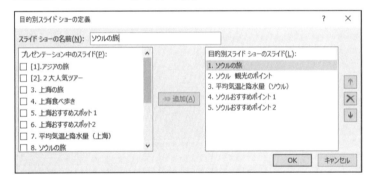

印刷プレビュー

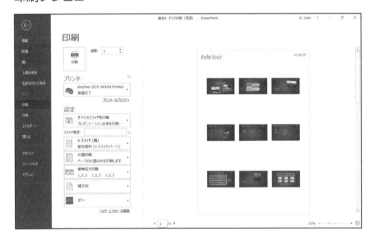

1. ［総合問題］フォルダーのファイル「総合4　アジアの旅」を開きましょう。

2. スライド一覧表示モードに切り替えて、1枚目と2枚目のスライドを非表示に設定しましょう。

3. 「上海の旅」という名前を付けて、目的別スライドショーを作成しましょう。

4. 次のスライドを目的別スライドショーとして追加しましょう。

   ・3.　上海の旅
   ・4.　上海食べ歩き
   ・5.　上海おすすめスポット1
   ・6.　上海おすすめスポット2
   ・7.　平均気温と降水量（上海)

5. 「ソウルの旅」という名前を付けて、目的別スライドショーを作成しましょう。

6. 次のスライドを目的別スライドショーとして追加しましょう。

   ・8.　ソウルの旅
   ・9.　ソウル　観光のポイント
   ・12.　平均気温と降水量（ソウル）
   ・13.　ソウルのおすすめポイント1
   ・14.　ソウルのおすすめポイント2

7. 作成した2つの目的別スライドショーを実行しましょう。

8. 配布資料マスターを表示して、ヘッダーに「Asia tour」という文字列を追加しましょう。

9. ヘッダーの文字列に、ワードアートのスタイル［塗りつぶし：白；輪郭：青、アクセントカラー5；影］を設定し、フォントサイズを24ポイントに変更しましょう。

10. 配布資料マスター表示を閉じましょう。

11. 標準表示でプレゼンテーションを表示しましょう。

12. 印刷プレビューで［配布資料］の［9スライド（横）］に設定して、レイアウトを確認しましょう。

13. 作成したプレゼンテーションに「総合4　アジアの旅（完成)」という名前を付けて、［PowerPoint 2019応用］フォルダーの［保存用］フォルダーに保存しましょう。

問題 5

ハワイツアーについてのプレゼンテーションにアニメーションを設定しましょう。
また、プレゼンテーションをJPEGファイル交換形式として保存しましょう。

完成例
アニメーション

JPEGファイル交換形式

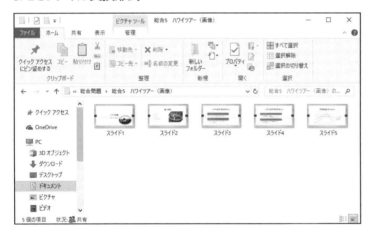

1. [総合問題] フォルダーのファイル「総合5　ハワイツアー」を開きましょう。

2. 次の表を参考に、1枚目のスライドのタイトル領域の文字列に連続したアニメーション効果を設定しましょう。

開始の効果	テキストの動作	開始	継続時間
ターン	文字単位で表示	直前の動作の後	02.00

強調の効果（中）	フォントの色	開始	継続時間
カラーで拡大	[標準の色]の[赤]	直前の動作の後	02.00

3. 次の表を参考に、3枚目と4枚目のスライドのSmartArtグラフィックにアニメーション効果を設定しましょう。

開始の効果（中）	開始	継続時間	グループグラフィック
スピナー	クリック時	00.50	個別

4. 次の表を参考に、5枚目のスライドのグラフにアニメーション効果を設定しましょう。

開始の効果（基本）	開始	方向	継続時間	グループグラフ
ブラインド	クリック時	縦	00.50	系列別

5. スライドショーを実行して動作を確認しましょう。

6. 作成したプレゼンテーションに「総合5　ハワイツアー（完成）」という名前を付けて、[PowerPoint 2019応用] フォルダーの [保存用] フォルダーに保存しましょう。

7. プレゼンテーションのすべてのスライドをJPEGファイル交換形式として [保存用] フォルダーに「総合5　ハワイツアー（画像）」という名前を付けて保存しましょう。

8. [保存用] フォルダーの [総合5　ハワイツアー（画像）] フォルダーを開き、スライドがJPEGファイル交換形式で保存されていることを確認しましょう。

総合問題 問題6

社内e-ラーニングの導入についてのプレゼンテーションを完成させましょう。

完成例

写真の挿入

SmartArt：階層リスト

SmartArt：循環マトリックス

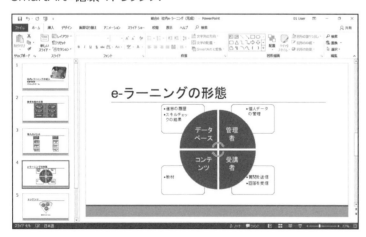

SmartArt：フィルター

1. ［総合問題］フォルダーのファイル「総合6　社内e-ラーニング」を開きましょう。

2. テーマに［レトロスペクト］を設定しましょう。

3. 配色に［赤味がかったオレンジ］を設定しましょう。

4. 1枚目のスライドに、［総合問題］フォルダーにあるファイル「写真2」を挿入しましょう。

5. スライドにガイドを表示しましょう。

6. 水平ガイドを［8.60］と表示されるまで上方向に移動し、垂直ガイドを［4.10］と表示されるまで右方向に移動しましょう。

7. 挿入したファイル「写真2」の左上角が、水平ガイドと垂直ガイドの交点に合うように移動しましょう。

8. 挿入したファイル「写真2」に、図のスタイル［透視投影、面取り］を設定しましょう。

9. ガイドを非表示にしましょう。

10. 3枚目のスライドの左側と右側の箇条書きを、それぞれSmartArtグラフィック［階層リスト］に変換しましょう。

11. 3枚目のスライドの後ろに、［総合問題］フォルダーのWord文書「e-ラーニングの形態」（アウトラインが設定されています）を読み込んで、スライドを追加しましょう。

12. 4枚目のスライドの箇条書きを、SmartArtグラフィックの［循環］の［循環マトリックス］に変換しましょう。

13. 5枚目のスライドの箇条書きを、SmartArtグラフィックの［手順］の［フィルター］に変換しましょう。

14. 5枚目のスライドのSmartArtグラフィックのスタイル（色）を、［カラフル - アクセント3から4］に変更しましょう。

15. 作成したプレゼンテーションに「総合6　社内e-ラーニング（完成）」という名前を付けて、［PowerPoint2019応用］フォルダーの［保存用］フォルダーに保存しましょう。

索引

英字

Excelワークシートの表の貼り付け ······················· 53, 55
Excelワークシートへのハイパーリンクの設定 ·············· 58
JPEG形式 ·································· 167
PDF/XPS形式での保存 ·························· 173
PowerPointで保存できる主なファイル形式 ·············· 172
PowerPointのテンプレート ······················ 16
SmartArtグラフィックへのアニメーション効果の設定 ··· 92
Wordによる配布資料の作成 ······················ 152
Wordによる配布資料の編集 ······················ 153

あ行

アウトラインが設定されたWord文書の利用 ·········· 44, 46
アクセシビリティチェック ························ 149
アニメーション効果の開始のタイミング ··············· 84
アニメーション効果のコピー ······················ 90
アニメーション効果の削除 ····················· 95, 105
アニメーション効果の種類 ························· 82
　図形 ··································· 89
　スライドイン ···························· 82, 86, 92
　ディゾルブアウト ··························· 101
　フェード ····························· 83, 95, 104
　フォントの色 ····························· 103
　フリップ ································· 102
　ホイール ································· 97
　ランダムストライプ ························· 91
　ワイプ ································· 83, 94
アニメーション効果の順序の入れ替え ··············· 91
アニメーション効果の番号タグ ···················· 90
アニメーション効果の連続貼り付け ··············· 90
アニメーション効果を設定するポイント ··············· 84
イメージファイルとしてのスライドの保存 ············· 167
オーディオ ································· 61
　～の再生 ······························ 61
　～の設定の変更 ·························· 65
　～の挿入 ······························ 64
オーディオアイコン ························· 61, 66

オーディオコントロール ························ 61
オリジナルテンプレート ························ 17
　～の保存 ······························ 37

か行

重ね効果の設定 ····························· 94
箇条書きを表示するアニメーション効果の設定 ·············· 96
既存のプレゼンテーションのスライドの利用 ·········· 71, 72
グループ化したオブジェクトへのアニメーション効果の設定
 ··································· 88
形式を選択して貼り付け ························ 51
コメント ································· 110
　～のアイコン ···························· 110
　～の削除 ······························ 112
　～の挿入 ······························ 111
　～の編集 ······························ 112

さ行

最終版の設定 ····························· 149
ズーム機能 ······························ 106
スクリーンショット ························· 45, 48
図形へのアニメーション効果の設定 ················· 97
スマートガイド ··························· 11, 31
スライドショー形式での保存 ····················· 161
スライドの拡大表示 ························· 135
スライドの非表示 ·························· 123
　～の解除 ······························ 124
スライドマスター ·························· 2, 6
　～の箇条書きの書式の変更 ····················· 9
　～の書式設定 ···························· 7
　～のタイトルの書式の変更 ····················· 8
　～の編集 ······························ 6
スライドレイアウトの変更 ······················· 11
セクション ······························ 117
　～の折りたたみと展開 ························ 120
　～の削除 ······························ 122
　～の追加 ······························ 118
セクション単位での移動 ························ 122

190 | 索引

セクション見出し ……………………………… 117

た行

テーマ ………………………………………… 17
　〜の効果の設定 …………………………… 23
　〜の配色の設定 …………………………… 21
　〜のフォントの設定 ……………………… 22
　〜の保存 …………………………………… 24
テキストボックス …………………………… 29
テンプレートのテーマの設定 ……………… 19
テンプレートへの画像の挿入 ……………… 35
テンプレートを使ったプレゼンテーションの新規作成 … 38
動作設定ボタン ……………………………… 71
　〜の動作の確認 …………………………… 78
　〜を利用したスライドへのリンク …………… 71, 75
ドキュメント検査 …………………………… 147

な行

ノートマスター ……………………………… 2

は行

背景 …………………………………………… 18
　〜の画像の設定 …………………………… 26
　〜の書式の設定 …………………………… 28
　〜のスタイルの設定 ……………………… 25
ハイパーリンク ………………………… 57, 75
　〜の確認 …………………………………… 59
配布資料マスター ………………… 2, 140, 141
　〜のレイアウトの確認 …………………… 145
発表者ツール ……………………… 130, 131
貼り付けのオプション ……………………… 50
ビデオ ………………………………………… 62
　〜の再生 …………………………………… 62
　〜の設定の変更 …………………………… 69
　〜の挿入 …………………………………… 68
　〜のトリミング ……………………… 63, 70

ビデオコントロール ………………………… 62
複数のアニメーション効果の設定 ………… 96
フッターの作成 ……………………………… 143
プレゼンテーションの比較 …………… 113, 114
プレゼンテーションパックでの保存 ……… 162, 163
プレゼンテーションファイルへパスワードの設定 ……… 169
ヘッダーの作成 …………………………… 29, 142
ペンの利用 …………………………………… 132

ま行

マスターの表示 ……………………………… 3
目的別スライドショー ………………… 125, 126
文字列へのアニメーション効果の設定 ………… 99, 102

ら行

レイアウトマスター ………………………… 7

■ 本書は著作権法上の保護を受けています。
　本書の一部あるいは全部について（ソフトウェアおよびプログラムを含む）、日経BPから文書による許諾を
　得ずに、いかなる方法においても無断で複写、複製することを禁じます。購入者以外の第三者による電子デー
　タ化および電子書籍化は、私的使用を含め一切認められておりません。
　無断複製、転載は損害賠償、著作権法の罰則の対象になることがあります。

■ 本書についてのお問い合わせ方法、訂正情報、重要なお知らせについては、下記Webページをご参照くだ
　さい。なお、本書の範囲を超えるご質問にはお答えできませんので、あらかじめご了承ください。

　　http://ec.nikkeibp.co.jp/nsp/

PowerPoint 2019 応用 セミナーテキスト

2019年8月26日　初版第1刷発行

著　　　　者：日経BP
発　行　者：村上 広樹
発　　　　行：日経BP
　　　　　　　〒105-8308　東京都港区虎ノ門4-3-12
発　　　　売：日経BPマーケティング
　　　　　　　〒105-8308　東京都港区虎ノ門4-3-12
装　　　　丁：折原カズヒロ
制　　　　作：クニメディア株式会社
印　　　　刷：大日本印刷株式会社

・本書に記載している会社名および製品名は、各社の商標または登録商標です。なお、本文中に™、®マーク
　は明記しておりません。
・本書の例題または画面で使用している会社名、氏名、他のデータは、一部を除いてすべて架空のものです。

©2019 Nikkei Business Publications, Inc.

ISBN978-4-8222-8618-7　Printed in Japan